Grimms Märchen tiefenpsychologisch gedeutet

Eugen Drewermann / Ingritt Neuhaus

Die Kristallkugel

Märchen Nr. 197 aus der Grimmschen Sammlung

Walter-Verlag Olten und Freiburg im Breisgau

Der Text des Märchens ist in der Fassung der Grimmschen
«Kinder- und Hausmärchen» von 1857 wiedergegeben.

Handgeschriebener Text und Batikbilder von Ingritt Neuhaus
Tiefenpsychologische Deutung von Eugen Drewermann

4. Auflage 1989

© Walter-Verlag AG, Olten 1985
Gesamtherstellung in den grafischen Betrieben
des Walter-Verlags
Printed in Switzerland

ISBN 3-530-16865-3

Vorwort

Der vorliegende Band der Reihe «Grimms Märchen tiefenpsychologisch gedeutet» gilt einer Erzählung, die nicht so bekannt ist wie manch anderes Märchen. Das Vorurteil lautet immer noch, Märchen seien vorwiegend Geschichten für Kinder, und so kommt es, daß nicht wenige Erzählungen, die sich inhaltlich mit den Fragen Erwachsener beschäftigen, trotz der Tiefe ihrer Aussagen und der Schönheit ihrer Erzählkunst weithin unbekannt geblieben sind.

Die Geschichte von der *«Kristallkugel»* ist eine besonders kostbare Perle unter den «Erwachsenen»-Märchen, und sie verdient es sehr, dem Schlaftrunk des Vergessens entrissen zu werden; denn ihr Thema: die Liebe, ist so ewig wie deren Gegenkraft: die Angst. Religionsgeschichtlich der Zauberwelt der Schamanen aufs engste verwandt, beschwört und verdichtet das Märchen von der «Kristallkugel» den ewigen Zauber der Liebe, für die kein Traum zu kühn und kein Wagnis zu groß ist. Mit der Leidenschaft einer unendlichen Sehnsucht greift es die uralten Erfahrungen und Symbole von der alle Grenzen der «Wirklichkeit» übersteigenden, alle Verzerrungen des Daseins verwandelnden, alle Fesseln der Entfremdung lösenden Allmacht der Liebe auf, um auf allen nur denkbaren Wegen zwischen Traum und Tag mit Gewißheit zu zeigen, daß allein die Liebe die Zerrissenheit des Herzens im Felde der Angst zu heilen vermag. Immer ist die Liebe eine Suchwanderung der Seele nach einem Urbild der Sehnsucht im eigenen Herzen, und ans Ziel gelangt, ist sie allein fähig, das wahre Wesen der von jeher Geliebten hinter den Schleiern und Masken der Angst in seiner wahren und reinen, «kristallenen» Schönheit zum Leuchten zu bringen. Einzig der Zauber der Liebe ist stärker als die Verzauberungen der Angst, und das Märchen von der «Kristallkugel» will gerade den Mut schenken, das «Märchen» der Liebe mit seinem Zauber und Liebreiz für wahrer, wirklicher und mächtiger zu halten als die scheinbare Allmacht der äußeren «Realität». Nur die Liebe ist ewig, und nur die einander bedingungslos Liebenden betreten schon auf Erden das Schloß der goldenen Sonne, den Thronsaal des Himmels, das Zauberreich der Ewigkeit.

«‹Karamasoff›», fragen am Grab ihres Freundes die Kinder in DOSTOJEWSKIS großem Roman den «dritten» der «Söhne», Alescha, «‹hat denn die Religion wirklich recht, wenn sie lehrt, daß wir alle von den Toten auferstehen und einander wiedersehen werden, alle...?› – ‹Zweifellos werden wir auferstehen»», antwortete ihnen der Mönch, «‹zweifellos werden wir uns wiedersehen, und heiter, freudig, werden wir einander alles erzählen, was gewesen ist.› ... ‹Und so ewig, das ganze Leben Hand in Hand!› ...wiederholten alle Knaben...» (F. M. DOSTOJEWSKI: Die Brüder Karamasoff, Epilog)

Es sind dies die zwei ältesten «Träume» der Menschheit: an die Ewigkeit der Liebe zu glauben und an die Weltjenseitigkeit einer unsterblichen Seele im Menschen; die Märchen aber sind es, die mit den Dichtern und den Priestern im Erbe der alten Schamanenüberlieferungen die unvergängliche Überzeugung nähren, daß solche «Träume» wahrer sind als selbst die Herzensenge der Angst und der Daseinsengpaß des Todes. Um die Angst und den Tod zu überwinden und den träumerischen Zauber der Liebe von neuem zu entdecken, bedürfen deshalb gerade die «Erwachsenen» solcher wunderbaren Erzählungen wie des Zaubermärchens von der *«Kristallkugel»*.

Eugen Drewermann

Die Kristallkugel

Es war einmal eine Zauberin, die hatte drei Söhne, die sich brüderlich liebten; aber die Alte traute ihnen nicht und dachte, sie wollten ihr ihre Macht rauben. Da verwandelte sie den Ältesten in einen Adler, der mußte auf einem Felsengebirge hausen, und man sah ihn manchmal am Himmel in großen Kreisen auf- und niederschweben. Den zweiten verwandelte sie in einen Walfisch, der lebte im tiefen Meer, und man sah nur, wie er zuweilen einen mächtigen Wasserstrahl in die Höhe warf. Beide hatten nur zwei Stunden jeden Tag ihre menschliche Gestalt. Der dritte Sohn, da er fürchtete sie möchte ihn auch in ein reißendes Tier verwandeln, in einen Bären oder einen Wolf, so ging er heimlich fort. Er hatte aber gehört, daß auf dem Schloß der goldenen Sonne eine verwünschte Königstochter säße, die auf Erlösung harrte; es müßte aber jeder sein Leben daran wagen, schon dreiundzwanzig Jünglinge wären eines jämmerlichen Todes gestorben und nur noch einer übrig, dann dürfte keiner mehr kommen. Und da sein Herz ohne Furcht war, so faßte er den Entschluß, das Schloß

von der goldenen Sonne aufzusuchen. Er war schon lange
Zeit herumgezogen und hatte es nicht finden können, da ge-
riet er in einen großen Wald und wußte nicht, wo der Aus-
gang war. Auf einmal erblickte er in der Ferne zwei Riesen,
die winkten ihm mit der Hand, und als er zu ihnen kam,
sprachen sie: „Wir streiten um einen Hut, wem er gehören
soll, und da wir beide gleich stark sind, so kann keiner den
andern überwältigen; die kleinen Menschen sind klüger als wir,
daher wollen wir dir die Entscheidung überlassen." „Wie könnt
ihr euch um einen alten Hut streiten?" sagte der Jüngling.
„Du weißt nicht, was er für Eigenschaften hat, er ist ein Wünschhut, wer den aufsetzt, der kann sich hinwünschen, wohin er
will, und im Augenblick ist er dort." „Gebt mir den Hut,"
sagte der Jüngling, „ich will ein Stück Wegs gehen, und wenn
ich euch dann rufe, so lauft um die Wette, und wer am ersten bei mir ist, dem soll er gehören." Er setzte den Hut auf
und ging fort, dachte aber an die Königstochter, vergaß die
Riesen und ging immer weiter. Einmal seufzte er aus Her-

zeusgrund und rief: „Ach, wäre ich doch auf dem Schloß der goldenen Sonne!" Und kaum waren die Worte über seine Lippen, so stand er auf einem hohen Berg vor dem Tor des Schlosses. Er trat hinein und ging durch alle Zimmer, bis er in dem letzten die Königstochter fand. Aber wie erschrak er, als er sie anblickte: sie hatte ein aschgraues Gesicht voll Runzeln, trübe Augen und rote Haare. „Seid Ihr die Königstochter, deren Schönheit alle Welt rühmt?" rief er aus. „Ach," erwiderte sie, „das ist meine Gestalt nicht, die Augen der Menschen können mich nur in dieser Häßlichkeit erblicken, aber damit du weißt, wie ich aussehe, so schau in den Spiegel, der läßt sich nicht irremachen, der zeigt dir mein Bild, wie es in Wahrheit ist." Sie gab ihm den Spiegel in die Hand, und er sah darin das Abbild der schönsten Jungfrau, die auf der Welt war, und sah, wie ihr vor Traurigkeit die Tränen über die Wangen rollten. Da sprach er: „Wie kannst du erlöst werden? Ich scheue keine Gefahr." Sie sprach: „Wer die kristallne Kugel erlangt und hält sie dem Zauberer vor, der bricht damit seine Macht, und ich

kehre in meine wahre Gestalt zurück. Ach," setzte sie hinzu,
"schon mancher ist darüm in seinen Tod gegangen, und du junges Blut, du jammerst mich, wenn du dich in die großen Gefährlichkeiten begibst." "Mich kann nichts abhalten," sprach er, "aber sage mir, was ich tun muß." "Du sollst alles wissen," sprach die Königstochter, "wenn du den Berg, auf dem das Schloß steht, hinabgehst, so wird unten an einer Quelle ein wilder Auerochse stehen, mit dem mußt du kämpfen. Und wenn es dir glückt, ihn zu töten, so wird aus ihm ein feuriger Vogel sich erheben, der trägt in seinem Leib ein glühendes Ei, und in dem Ei steckt als Dotter die Kristallkugel. Er läßt aber das Ei nicht fallen, bis er dazu gedrängt wird, fällt es aber auf die Erde, so zündet es und verbrennt alles in seiner Nähe, und das Ei selbst verschmilzt und mit ihm die kristalline Kugel, und all deine Mühe ist vergeblich gewesen."

Der Jüngling stieg hinab zu der Quelle, wo der Auerochs schnaubte und ihn anbrüllte. Nach langem Kampf stieß er ihm sein Schwert in den Leib, und er sank nieder. Augenblicklich erhob

sich aus ihm der Feuervogel und wollte fortfliegen, aber der Adler, der Bruder des Jünglings, der zwischen den Wolken daherzog, stürzte auf ihn herab, jagte ihn nach dem Meer hin und stieß ihn mit seinem Schnabel an, so daß er in der Bedrängnis das Ei fallen ließ. Es fiel aber nicht in das Meer, sondern auf eine Fischerhütte, die am Ufer stand, und die fing gleich an zu rauchen und wollte in Flammen aufgehen. Da erhoben sich im Meer haushohe Wellen, strömten über die Hütte und bezwangen das Feuer. Der andere Bruder, der Walfisch, war herangeschwommen und hatte das Wasser in die Höhe getrieben. Als der Brand gelöscht war, suchte der Jüngling nach dem Ei und fand es glücklicherweise; es war noch nicht geschmolzen, aber die Schale war von der plötzlichen Abkühlung durch das kalte Wasser zerbröckelt, und er konnte die Kristallkugel unversehrt herausnehmen. Als der Jüngling zu dem Zauberer ging und sie ihm vorhielt, so sagte dieser: „Meine Macht ist zerstört, und du bist von nun an der König vom Schloß der goldenen Sonne. Auch deinen Brüdern kannst du die menschliche Ge-

stalt damit zurückgeben." Da eilte der Jüngling zu der Königstochter, und als er in ihr Zimmer trat, so stand sie da im vollen
Glanz ihrer Schönheit, und beide wechselten voll Freude ihre Rin-
ge miteinander.

Tiefenpsychologische Deutung

I. Vom Zauber eines Zaubermärchens

Wenn es den Namen «Zaubermärchen»[1] noch nicht gäbe – für die Geschichte von der *«Kristallkugel»* müßte man ihn erfinden. Denn nicht allein, daß dieses wichtige und schöne, wenngleich relativ unbekannte Märchen[2] der Brüder Grimm von Menschen spricht, die zu zwei Dritteln oder ganz dem Bann geheimnisvoller Zauberkräfte ausgeliefert sind, auch der gesamte Weg der Handlung selbst zeichnet in allen Stadien und Stationen eine Welt dunkler Rätsel und verlockender Geheimnisse, unheimlicher Gefahren und magischer Auseinandersetzungen, dämonischer Verwandlungen und wunderbarer Siege. Nichts in diesem Märchen spielt in der Welt, die uns bekannt und so vertraut erscheint. Doch gerade darin liegt seine eigenartige Verführungskraft, seine fast hypnotische Energie: es zwingt von Anfang an dazu, die anscheinend so sicher gefügte Welt der alltäglichen Erfahrung zu verlassen und unterhalb der Scheinberuhigungen der wohlgesicherten bürgerlichen Oberfläche den Blick in den Abgrund zu werfen, dorthin, wo das Ungeheuere zu Hause ist und das Jenseitige beginnt, wo die Tiefe lauert und der Himmel wartet.

Gewiß, man kann die Wirklichkeitsschau dieser traumhaft-magischen Erzählung voller Angst als wirren Spuk an den Türen seiner Wahrnehmungsfähigkeit zurückweisen; man kann sich prinzipiell weigern, die eigene Seele zu wagen und sich dem Reich der Magier und Riesen, der Ungeheuer und der Zaubermächte auszusetzen, aber der Preis für eine solche vermeintlich störungsfreie Beruhigtheit im Dasein ist hoch: nie wird man bedingungslos dem Bild der verzauberten Jungfrau vom Schloß der goldenen Sonne folgen, nie den *Gläsernen Berg* besteigen, um das Geheimnis ihrer Schönheit kennenzulernen, und nie das eigene Leben riskieren, um ihr zuliebe die «Kristallkugel» zu bergen. Man wird sich in einer seelenlosen, freudlosen, bewegungslosen Welt der äußeren Tatsachen und Tatbestände einzurichten suchen und die Fenster des Herzens, so gut es geht, gegen den Ansturm der Geister verschließen. Aber wer das Wagnis der Seele, wer den Zauber der Phantasie, den Abgrund der Angst, wer die himmelstürmende Macht der Sehnsucht in seinem Leben verleugnet, wird niemals erfahren, wovon dieses Zaubermärchen in all seinen Verwandlungen und gleisnerischen Übergängen eigentlich erzählt: von der lebenbedrohenden und doch alles rettenden, von der alles verzaubernden und doch alles bezaubernden Schicksalsmacht der Liebe. «Wer sein Leben nicht zu verlieren wagt, wird es auch nicht gewinnen können», möchte man in Paraphrase eines Bibelwortes sagen (Mk 8,35), und besser ist es vielleicht, zu jenen 23 Unglücklichen zu gehören, die bei dem Versuch, die verzauberte Jungfrau zu erlösen, jämmerlich ihr Leben lassen mußten, als nur in Ruhe dazusitzen und die Dumpfheit traumloser Nächte zu pflegen. «Ein Held ist jemand, der wenigstens einmal im Leben den Tod der Unehre vorzieht» – wenn diese Definition des französischen Dichters G. Bernanos zutrifft, dann ist das Märchen von der «Kristallkugel» eine Heldengeschichte der Liebe. Aber wer hat schon die Wahl, ein «Held» zu sein?

1. Die Weltsicht der Schamanen

Es gab in vergangenen Zeiten – und es gibt noch heute in den gerade vergehenden Kulturen der sogenannten Primitivvölker – einen Stand von Menschen, die es sich nicht aussuchen konnten, vom Schicksal zu einer Art Heldentum der Seele berufen zu sein. Fast alle Bilder des Märchens von der «Kristallkugel» weisen zurück in die geheimnisvolle Welt der *Schamanen*[3], und es ist im Grunde der Weg ihrer Seelenreise, die Spur ihrer Träume, der Schatz ihrer Erfahrungen, die in diesem ungewöhnlichen Märchen beschworen werden – eine Welt fließender Übergänge, bei denen es nicht möglich ist, das Diesseits abzugrenzen gegen den Einbruch des Jenseits oder, umgekehrt, im Diesseits zu verweilen, ohne sich einer anderen hintergründigen Sphäre der Wirklichkeit auszuliefern. In der Welt der Schamanen erscheint das Menschliche nicht streng abgezirkelt gegen das Tierhafte, bzw. es wartet umgekehrt das Tierhafte förmlich auf seine Vermenschlichung, so wie das Äußere danach verlangt, als die trügerische Larve der Schönheit entdeckt zu werden, während, von der anderen Seite her, die Schönheit der wahren Gestalt im Verborgenen ihrer Erlösung harrt.

a. Die Tierverwandlung

In der Welt, die *wir* zu kennen glauben, scheint es klar zu sein, was ein Mensch ist: Eine breite Kluft trennt den Menschen von der ihn umgebenden Natur, und sein ganzer Stolz liegt darin, sich soweit wie möglich von allem Nicht-Menschlichen zu unterscheiden[4]. Anders die rätselhafte, uns so fremd anmutende Weltsicht der *Schamanen*. Sie beruht geradezu auf dem Prinzip der universellen Verwandtschaft aller Lebewesen, und ihr Ziel ist nicht die rationale Abgrenzung, sondern die mystische Verschmelzung aller Erscheinungen[5]. Das «Tier» gilt ihr nicht als etwas Vor- oder Un-Menschliches, sondern als Verkörperung eigener seelischer Möglichkeiten, als geheimes Konterfei des eigenen Wesens. Man bedarf des Tieres, um sich selber darin zu spiegeln und sich von ihm die eigene verschüttete Wesensart offenbaren zu lassen[6]. Denn höher, als er ahnt, und tiefer, als er fürchtet, reicht die Spannweite der Seele des Menschen, und es gehört auch heute noch zu den einfachen diagnostischen Fragen beispielsweise einer psychoanalytischen Anamnese, zu überlegen, in welch ein Tier man sich gegebenenfalls am liebsten beziehungsweise am wenigsten gern verwandeln würde. Entlang den symbolischen Bildern bestimmter Tiere verliefen die ursprünglichen Klassifikationssysteme des «Totemismus»[7], und vor allem die Fabeln der Völker lieben es, menschliches Verhalten im Spiegelbild der Tiere zu karikieren und zu portraitieren[8]. Aber wieviel an Angst, an Einsamkeit, an Not und Ausgeliefertheit gehört dazu, dem *«Tier im Menschen»*[9] (E. ZOLA) zu begegnen oder den *«Steppenwolf»*[10] (H. HESSE) in sich knurren zu hören! Und umgekehrt: welch eine Beseligung kann es bedeuten, die eigene Seele zu erheben wie einen Vogel, der scheinbar schwerelos sich in den Himmel schwingt!

Nichts Unheimlicheres und nichts Erhebenderes jedenfalls läßt sich im menschlichen Herzen vorstellen, als wenn die Grenzen des Ich sich erweitern ins Unendliche, um hinabzutauchen ins Tierische und sich emporzuheben ins Göttliche. Noch in der mittelalterlichen Philosophie konnte man das Axiom aufstellen, der Mensch sei in gewissem Sinne «alles» – Engel und Tier, Sonne und Stein, Baum und Gras, Berg und Höhle, Wolke und Meer. Aber nur in der Weltsicht der Schamanen formte sich diese Überzeugung zu einer lebendigen Poesie, in der die seelische Affinität aller Lebewesen zu einem zärtlichen Dialog, zu einer brüderlichen Partnerschaft zwischen den Menschen und ihren Mitgeschöpfen sich ausgestaltete und verdichtete[11]. Uns Heutigen begegnet diese urtümliche Einheitsschau des Menschlichen wohl nur noch in gewissen Träumen, und wenn wir des Morgens unseren Freunden oder unserem Analytiker von unseren Nachtgesichten erzählen, werden wir zumeist rasch belehrt, daß in den Tiersymbolen nichts anderes als eine unreife Sexualität zum Ausdruck komme – nur als Chiffre für etwas neurotisch Verdrängtes taucht das Tier in unserem Bewußtsein auf[12], und es scheint, als sei jede Unmittelbarkeit, jede kindliche Unbefangenheit zwischen Mensch und Tier geradezu mutwillig zerstört worden[13]. Die Schamanen hingegen empfingen in Träumen und Tiergesichten die Berufung ihres Lebens[14], und die Tiere, die ihnen in der

Weite der Prärie, der Tundra oder der Steppe begegneten, galten ihnen als eben die Verkörperungen der im Traum geschauten göttlichen Mächte, als Träger der Ahnengeister oder, wie es die Märchen noch erzählen, je nach der Einstellung als Helfer und Hinderer, als Gegner und Geleiter auf dem Weg ins Jenseitsland der Seele[15], ins Jenseits des irdischen Lebens, ins Jenseits der äußeren Welt.

b. Der Sieg der Seele über Raum und Zeit oder: Die Suchwanderung der Liebe

Aber nicht nur die Aufhebung der Ichabgrenzung, die mystische Teilhabe[16] und Verschmelzung mit allem Lebenden, kennzeichnet die Weltsicht der Schamanen; sie wird vor allem geprägt von der zutiefst religiösen Überzeugung, daß Raum und Zeit lediglich die Erscheinungsformen, nicht aber das eigentliche Wesen eines Menschen bestimmen. Nur am hellen Tag, im Vertrauen auf die äußeren Sinne, glauben wir dem Zeugnis des Körpers und sind geneigt, die Fesseln des Ortes und der Zeit als etwas Endgültiges zu betrachten. Die Erfahrung unserer Träume, die Sprache unserer Sehnsucht, die Gewißheit der Liebe lehrt uns anderes: Ferne und Nähe ergeben sich aus dem Abstand oder der Berührung der Seelen, und alle Maße in Raum und Zeit sind nur die abgeleiteten Einteilungen toter Körper und mechanischer Abläufe, aus denen die Seele entflohen ist[17]. Jederzeit erhebt sich der Geist über die Begrenzungen unseres Körpers, und stets sendet die Liebe die Seele aus, um den

«Ort» zu suchen, an dem die oder der Geliebte wohnt. Mit den Augen der Liebe betrachtet, verwandeln alle Dinge ihre äußere Gestalt und formen sich zu Symbolen, zu Erinnerungsbildern und verheißenden Hinweisen für die unsichtbare Gegenwart des Menschen, dem unser ganzes Herz gehört, weil wir in seiner Liebe mehr zuhause sind als in uns selbst. Der Stein dort am Wege – beginnt er nicht wie in den Zaubermärchen uns von der Geliebten zu reden? Die Muschel am Strand – erinnert sie nicht an ihr Lachen und an das weiße Rund ihrer Stirn, und spricht sie nicht wie von selbst von der Weite des Meeres, das sich dehnt bis zum Horizont und gerade in seiner Unendlichkeit wie der Spiegel ihrer Seele ist? Und der Wind, der landeinwärts weht – ist nicht sein Streicheln wie die Berührung ihres Atems, wie das leise Flüstern ihrer Worte, wie der zärtliche Hauch ihres Mundes? Ist nicht alles, was schön ist, für den Liebenden wie ein Versprechen, wie ein Wegzeichen, das ihn hinführt zum Ziel seiner Sehnsucht, zum verzaubernden Inbegriff aller Schönheit der Welt? Jede Blume, die blüht, jeder Vogel, der fliegt, jede Wolke, die zieht, jeder Stern, der grüßt, winkt den Liebenden näher zu seiner Geliebten. Sie, die sein Sonnenschein ist in der Nähe, erglänzt ihm am Morgen im Sonnenaufgang; sie, die seine Traurigkeit ist in der Ferne, weint über ihn im Fallen des Regens, und die Weltenverzauberung der Schamanen, von der die «Zaubermärchen» uns noch ferne Kunde geben, nimmt sich in der poetischen Magie der Liebe wie der Ur-

zustand der Seele aus, sobald wir nur die Hüllen der Lieblosigkeit abstreifen. Die ganze Welt mit allen Lebewesen, mit ihren Küsten und Wüsten, mit ihren Feldern und Wäldern, mit ihren Wegen und Stegen ist für den Liebenden doch nur wie eine Leiter, deren symbolische Sprossen es zu betreten und zu übersteigen gilt, um das Herz der Geliebten zu finden.

Von daher ist auch das Schamanenmotiv von dem Wunschring oder von dem mythischen Wunschhut *Odins*[18] nicht so absonderlich, wie es zunächst erscheinen mag. Wohl weiß auch der Liebende, daß das Wünschen an sich nicht «hilft»; aber die Welt seiner Wünsche, die Macht seiner Liebe, gilt ihm für wahrer als die Sprache der äußeren Tatsachen. Mag sein Körper auch um Meilen von der Geliebten getrennt sein – es wird die Kraft seiner Sehnsucht nur steigern. Und wie relativ ist das Maß der Zeit! Wie unendlich lang dehnen sich die Stunden des Wartens, wenn die Geliebte fern ist – diese entleerte Zeit der Entbehrung mag man gewiß mit Uhren und mit Präzisionsgeräten messen; doch sobald die Geliebte zurückkehrt, vergeht die Zeit wie im Fluge, das heißt, sie bleibt stehen in ihrer Gegenwart und zieht sich zusammen auf einen reinen Augenblick der Seligkeit. Wonach also soll man die Wirklichkeit des menschlichen Daseins bestimmen und ausrichten: nach der Tiefe möglicher Erschütterung und Beseligung oder nach der Oberfläche einer scheinbar seelenlosen «Ruhe»?

Die Antwort der «Zaubermärchen» ist

eindeutig: wenn nur die Liebe unsere ganze Seele ergreift, so ist diese Erfahrung wichtiger als die Welt der äußeren Sinne, und die Wunschverheißung der Liebe gilt: einmal werden die Hüllen von Raum und Zeit, werden die Kokonfäden des Körpers gesprengt, und die Seele wird frei sein zum Glück einer ewigen Liebe. Dann wird sie wohnen im «Schloß der goldenen Sonne», auf dem «Gläsernen Berg» – dort wo der Himmel ist, ewig, bei der Geliebten. Denn der Himmel der Liebe, sagt selbst die Bibel, ist «wie ein gläsernes Meer aus Kristall» (Offb. 4,6) – so durchsichtig, ruhend und rein. Und die Phantasten, die Träumer des Lebens, die ewig Verliebten haben ganz recht: es gibt in Wahrheit nur einen Auftrag des Lebens, und koste er das Leben: die kristallene Kugel zu erringen und die verzauberte Jungfrau zu retten. Denn nur in der Erlösung der Liebe leben wir wirklich, und nur in der Wirklichkeit der Liebe gelangen wir zur Erlösung unserer eigenen Seele.

2. Die Wahrheit der Priester und der Dichter

Wußten und wissen dies wirklich nur die Schamanen? Gott sei Dank, nein, oder anders ausgedrückt: es gibt auch heute noch «Schamanen», obwohl ihre geheimnisvolle Existenzweise in unseren Tagen sich anscheinend aufgespalten hat: in den «Beruf» des Priesters und in die Berufung des Dichters. Beide leben aus dem Wissen um eine Wahrheit hinter dem Schleier der Sinnenwelt, und doch bemühen sich beide, diese Wahrheit für die Sinne sichtbar zu machen; beide teilen den Glauben an das Geheimnis des «Goldenen Schlosses»[19] jenseits des sichtbaren Horizonts, aber beide teilen sich gewissermaßen die Strecke ihres gemeinsamen Weges von verschiedenen Ausgangspunkten her: die Dichter, die Künstler legen Zeugnis ab für die Sehnsucht und den Traumweg der Liebe; sie schildern die Suchwanderung der Seele auf ihren vielfältigen Irr-, Um- und Abwegen, ehe sie (vielleicht!) in den Besitz der «Kristallkugel» gelangt. Die Priester hingegen kommen vom «Gläsernen Berg» herunter auf die Erde und beschwören in Riten und Symbolen das Leben der Vollendung; in ihren kultischen Darstellungen rücken sie die jenseitige Welt mitten in das Diesseits, wie um die verborgenen Träume, die erstickten Hoffnungen und die nie gelebten Wünsche zum Leben zu erwecken. Beide, die Priester wie die Dichter, sind die Gläubigen und die Verkünder einer anderen, jenseitigen Welt, und nur die allzu einfache Teilung ihrer Wege führt häufig dazu, die ganzheitliche Weltsicht der Schamanen zu verleugnen, indem es der Dichtung versagt scheint, in der Weise der Schönheit dem Göttlichen zu dienen, und die Religion sich außerstande zeigt, im Dienst am Göttlichen die erlösenden Kräfte der Schönheit zu wecken. Die Welt aber muß und kann nur erlöst werden durch die Verzauberung der Schönheit und durch die Magie der Liebe – davon gerade berichtet eine solche Erzählung wie das kleine Zaubermärchen von der «Kristallkugel», und die Frage scheint nur, wie wir zu jener einheitlichen Weltsicht zurückfinden, in der das Diesseits vermöge der Liebe sich zu öffnen vermochte zum Geheimnis der Unendlichkeit und der Segen des Himmels schon hier im Glück der Liebe die Erde verklärte zum Sinnbild und Vorbild unserer ewigen Bestimmung. Mit anderen Worten: es stellt sich die Frage nicht nur nach der Herkunft der einzelnen Märchenmotive aus den Vorstellungen der Schamanen, sondern es geht wesentlich um den Wahrheitsgehalt der schamanischen Weisheit und um die Poesie, die in den Zaubermärchen sich auf unvergleichliche und unnachahmliche Weise ausspricht.

Wer, wie die Schamanen, wie die Priester, die sichtbare Welt des Diesseits zur bloßen Hülle, zum Schatten der Wirklichkeit erklärt, muß naturgemäß riskieren, sich in den Augen der «Realisten» des Diesseits lächerlich zu machen. Doch ist dies nicht das Los aller Träumenden, aller Märchenerzähler, aller Gläubigen, aller Dichter? Und einmal anders herum gefragt: was eigentlich ist «Wirklichkeit»? «Die Welt ist der Traum eines erwachten Träumenden», sagen die Inder[20]. Auch in der europäischen *Malerei* etwa kennt man seit Jahrhunderten die Bilder von HIERONYMUS BOSCH[21] und PETER BRUEGEL[22] mit ihren unheimlichen, apokalyptischen Visionen und Symbolismen in der Tiefe der Welt. In der *Literatur* aber bedurfte es wohl erst der gestalterischen Kraft der Romantik und ihrer neugefundenen

23

Nähe zum Märchen, um den unheimlichen Hintergrund des menschlichen Daseins bewußt zu machen[23]. Seither, darf man sagen, ist der wahre Realismus in Kunst und Leben im Grunde der pointierte Surrealismus.

Wer beispielsweise einen der großen Romane F. M. DOSTOJEWSKIS aufschlägt, findet dort «wahre» Menschen beschrieben, indem gänzlich «surreal» ihr Leben als eine nicht endende Kette von Dialogen, Gesprächen und Selbstreflexionen vorgestellt wird. Äußerlich betrachtet, wird man wohl kaum einem «Dostojewskischen» Menschen «wirklich» begegnen – niemand auf der Straße macht sich die Gedanken und spricht in der Weise, wie DOSTOJEWSKI es beschreibt; aber gerade so, wie er es beschreibt, müßte eine jede seiner Romangestalten denken, fühlen und sprechen, wenn sie sich selbst genügend kennen würde[24]; was sich in der «surrealen» Brechung der äußeren Wirklichkeit mitteilt, verdichtet in Wahrheit das eigentliche Wesen der betreffenden Personen, und zwar so sehr, daß von dieser Sicht in die Tiefe der Wirklichkeit überhaupt erst die Hülle des Äußeren wirklich verstehbar wird: selbst das Interieur der Wohnung, die Details der Kleidung, die Nuancen von Gestik und Wortwahl, die Konstellation und Dramaturgie des äußeren Schicksals der Helden – nichts erscheint mehr als zufällig und beliebig, wenn man einmal bis in diese Tiefe der Seele eines Menschen geblickt hat. Man hat generell die Kunstform des Romans mitunter als ein erweitertes Märchen betrachten wollen[25]; diese Beziehung dürfte zu Recht bestehen, indem insbesondere das Zaubermärchen, wie der psychologische Roman, mit den Mitteln des scheinbar Phantastischen die verborgene, unbewußte, eigentliche Wirklichkeit in der Seele eines Menschen zu erforschen und darzustellen versucht, wissend und behauptend, daß es auf Erden nichts Phantastischeres geben könne als die Seele eines Menschen, wenn man sie sieht mit den Augen der Liebe und sie findet am Ort ihrer wirklichen Heimat: im «Schloß der goldenen Sonne».

II. Der Erlösungsweg der «Kristallkugel»

Wieviel an Angst und Leid müssen Menschen erfahren haben, um von der Oberfläche weg den Blick in die Tiefe zu richten und die göttliche Wahrheit und Schönheit eines Menschen zu entdecken? Die Schamanen bereits waren «verwundete Heiler»[26], Traumpoeten aus Schmerz und Einsamkeit, denen das Leiden die Leier des Gesangs und den Spiegel des Verstehens schenkte, und auch heute wird es keinem priesterlichen oder dichterischen Menschen erspart bleiben, seine Sensibilität, Vorstellungskraft und seelische Energie unter dem Druck eigener Angst und dem Eindruck des eigenen Abgrunds zu erwerben. Aber Angst, Schmerz und Einsamkeit existieren nicht abstrakt; sie treten auf in geprägten, spezifischen Formen, und es ist gerade die Kunst der Märchen, es begründet ihre innere Verwandtschaft zum Roman, daß sie diese verborgenen Strukturen des Leids im menschlichen Leben bewußt zu machen verstehen und nach Möglichkeit Wege zu ihrer Erlösung aufzuzeigen suchen.

1. Das Portrait seelischer Zerrissenheit

Das Charakterportrait bzw. das psychische Problem, das sich das Märchen von der «Kristallkugel» zur Aufgabe stellt, ist zweifellos außerordentlich komplex und verwickelt. Zahlreiche Mythen und Märchen schildern das Problem der seelischen Zerrissenheit, indem sie es auf die Gestalten von «Zwei Brüdern»[27] bzw. von «Drei Brüdern»[28] verteilen; aber meistens enden Geschichten dieser Art damit, daß einer von ihnen, für gewöhnlich der Jüngste, die (oder den) anderen aus dem Feld schlägt[29]. Äußerst selten indessen wird man einem Märchen begegnen wie der «Kristallkugel», in dem von Anfang an eine äußerste Gegensatzspannung beschworen wird, um sie nach langen Kämpfen und Auseinandersetzungen zu guter Letzt durch die Allmacht der Liebe einer Synthese des inneren Ausgleichs und des seelischen Gleichgewichtes zuzuführen.

Will man verstehen, wovon die Märchen, Mythen und Träume in den Gestalten der unterschiedlichen Geschwister reden, muß man sich immer wieder die Frage vorlegen, welche Erfahrungen im eigenen Leben oder im Umgang mit anderen sich in der hintergründigen Wirklichkeit der jeweiligen Symbole und Chiffren ausdrücken mögen. Fast immer muß man dabei die Voraussetzung machen, daß die verschiedenen Personen eines Märchens, eines Traumes oder eines Mythos im Grunde als Teile ein und derselben Persönlichkeit zu verstehen sind[30]. Speziell beim Märchen von der «Kristallkugel» muß man sich fragen, wie ein Mann seelisch beschaffen ist, von dem man mit dem Märchen sagen kann und muß: es leben in ihm eigentlich drei verschiedene Personen, von denen zwei ihre menschliche Gestalt verloren haben, während die dritte aus Angst, in ein Raubtier verwandelt zu werden, in die Welt hineinflieht, um dem dämonischen Einfluß einer hexenhaften Mutter zu entkommen. Man wird dann sehr bald merken, daß es nur schwerlich ein erschütternderes und prägnanteres Symbol menschlicher Zerrissenheit geben kann als dieses Bild.

Denn es nutzt an dieser Stelle wenig, sich den elementaren Schrecken eines solchen Portraits vom Leibe zu halten, indem man die üblichen Deutungsschemata der JUNGschen Schule als fertige Standards unterlegt: die «Dreiheit» als «das Männliche»[31], die drei Seelenkräfte selbst als die hauptsächliche Ichfunktion mit den zwei einander gegensätzlichen Hilfsfunktionen[32], die dann entsprechend rasch (und ziemlich willkürlich) den beiden Tiersymbolen zuzuordnen wären: der «Adler» etwa ließe sich (am ehesten) als Verkörperung geistiger Kräfte[33] wie Intelligenz und Intuition deuten, während der «Walfisch» die Welt der Gefühle, der Triebe, der Empfindungen verkörpern könnte[34]; die dritte menschliche Gestalt indes müßte so gesehen dem Ich entsprechen, das im weiteren Verlauf der Erzählung sich auf die Suche nach dem (weiblichen) Vierten, nach der «anima», der Welt des Unbewußten und der Liebe also, begibt[35]. Ein solcher Deutungsaufriß wäre an sich nicht gänzlich falsch – er enthält im Gegenteil sogar viel Richtiges; aber man erspart sich das Wichtigste bei der Lektüre eines wirklichen Zaubermärchens oder eines großen Romans der Weltliteratur, wenn man vorschnell gewissen tiefenpsychologischen Stereotypien folgt, statt sich zunächst in die Gefühle, in die innere Bedeutung, in die Selbstempfindung der handelnden Personen so weit hineinzuversetzen, daß man den entscheidenden Punkt erreicht, an dem das eigene Leben und Erleben auf Heil oder Unheil hin angesprochen wird. Man muß die Zaubermärchen so lesen, wie man etwa die Romane DOSTOJEWSKIS lesen wird, wenn irgendwie man sie verstehen will: als Betroffener muß man sie lesen, nicht in der Scheingelehrsamkeit und selbstgewissen Distanziertheit des psychologischen Jargons. – Sehen wir also zu.

a. Der verzauberte Adler

Der «älteste Sohn», erzählt das Märchen von der *«Kristallkugel»,* wurde von seiner dämonischen Mutter in einen Adler verwandelt, der auf einem Felsengebirge hausen mußte und in großen Kreisen am Himmel auf- und niederschwebte. Tiefenpsychologisch muß man bei dem Symbol des Adlers gewiß an eine Geistigkeit denken, die sich in ihrer reinen Intellektualität verselbständigt und ihre menschlichen Züge dabei verloren hat[36]. Es handelt sich um ein Denken, das nicht mehr der Kontrolle des Ich gehorcht, sondern in seinen Gedankenbahnen sich wie erdenthoben als eine eigene lebensfeindliche, buchstäblich «raubvogelartige» Macht gegenüber den Interessen der irdischen Existenz behauptet. *Der Geist als Widersacher der Seele»* – wenn dieser Titel des berühmten Buches von LUDWIG KLAGES[37] zutrifft, so tritt das Symbol des «Adlers» in seine Wirklichkeit. Der Geist als «das Negative» – diese Definition G.W.F. HEGELS[38] kennzeichnet die Adler-Intellektualität als eine durch und durch gefühlskalte, haltlose Energie zur Zerfaserung jeder Unmittelbarkeit, jedes Vertrauens, jeder gemüthaften Sicherheit. Wohl gehört zu der Adlerexistenz auch eine himmelstürmende Sehnsucht, ein verzweifeltes Verlangen nach Halt und Bindung, aber die Angst vor allem Erdhaften, Erdenschweren, Dunklen treibt doch immer wieder in die luftigen kalten Höhen einer unfruchtbaren Himmelsklarheit, die in Wahrheit über nichts gebreitet ist als über hartes, schroffes Felsgestein – das Leben als Gedankenwüste. Dabei wäre das Symbol des «Adlers» nicht wirklich zutreffend, wenn die Persönlichkeit, die zu einem Drittel sich darin reflektiert, nicht an und für sich über außerordentlich starke seelische und geistige Energien verfügen würde: über ein scharfes Auffassungsvermögen, eine enorme Weitsicht, eine kompromißlose Folgerichtigkeit und Logik sowie über eine durch keinerlei Rücksichten gebremste Unerschrockenheit und Kühnheit.

Natürlich gibt es viele Möglichkeiten, sich den Typ eines solchen Adlerintellekts zu verdeutlichen; ja es scheint, als spiegele sich darin die vorherrschende Mentalität unserer Tage besonders eindrucksvoll wider, in der es kaum mehr erlaubt ist, irgendein Gefühl zu äußern, ohne es vor dem Forum der kritischen Vernunft und der Zweckrationalität unseres Herrschaftswissens zu legitimieren, ganz so, als wenn es bereits zur Pflicht geworden wäre, Kinder in Zukunft am besten gewissermaßen nur noch mit lauwarmem Wasser und mit Logarithmen zu ernähren. Rückblickend mutet es jedenfalls fast prophetisch an, wenn F. M. DOSTOJEWSKI in seinem großen Roman «Die Brüder Karamasoff» in *Iwan Karamasoff* das wohl erschütterndste Beispiel einer solchen «Adlerexistenz» gegeben hat – es ist gerade diese Person, von der die Geschichte des 20. Jahrhunderts entscheidend geprägt ist. In bezug zu dem Märchen von der «Kristallkugel» lohnt es

sich sogar besonders, der Kennzeichnung der Gestalt des «Iwan Karamasoff» einmal ausführlicher nachzugehen, weil sie vor allem in der Gegenüberstellung zu den beiden anderen Brüdern in diesem wichtigsten Roman Dostojewskis eine größtmögliche Ähnlichkeit zu dem Märchen der «Brüder Grimm» aufweist.

Iwan ist in gewissem Sinne der Typ des Schizoid-Zwanghaften par excellence – sein ganzes Erleben wird durchzogen von der Aufspaltung zwischen Denken und Gefühl, zwischen Lebensgier und Lebensangst, zwischen gedanklicher Kälte und mitleidiger Wärme gegenüber den großen Menschheitsanliegen. Nach außen schweigsam und verschlossen wie eine Sphinx, leidet er inwendig bis zum Wahnsinn an sich selbst und der Welt, die ihn umgibt. Es steht für Iwan fest, daß es unmöglich ist, einen anderen Menschen aus der Nähe zu lieben[39]; um so mehr aber liebt Iwan die Menschheit im allgemeinen, und da bedrücken ihn vor allem das Unrecht und die Qual, denen auf dieser Welt bereits kleine unschuldige Kinder ausgesetzt sind. Deutlich spürt man hinter dem metaphysischen Protest Iwans gegen die Weltordnung das aufgestaute Leid eigener Kindertage. Wenn das Märchen von der *«Kristallkugel»* erklärt, es sei der «älteste Sohn», der von der dämonischen Mutter in einen Adler verwandelt werde, so wird man diese Notiz wohl auch dahin verstehen dürfen, daß in der Entwicklung einer so zerrissenen Psyche das Denken gewissermaßen früher erlernt werden mußte als das Fühlen bzw.

daß man viel zu schnell aufhören mußte, ein Kind zu sein; das Denken hingegen mußte rasch und scharfsinnig entwickelt werden, um inmitten einer Welt unbegreifbarer Quälereien überhaupt geistig und physisch überleben zu können. Zwangsläufig formt sich unter solchen Umständen der Intellekt zu einer Waffe im Kampf ums Überleben – unter den Schlägen allzu frühen Leids wird er zu einem durchdringenden Instrument des Zerlegens und Widerlegens umgeschmiedet, und es darf förmlich nichts geben, das er vorbehaltlos anerkennen könnte. Gestützt auf die Evidenz des erlittenen Unrechts der Kindertage, zögert zum Beispiel *Iwan Karamasoff* nicht, die gesamte Weltordnung wegen des scheinbar unvermeidbaren namenlosen Leids, das in ihr lebt, voller Empörung abzulehnen[40], und zwar trotz ihrer Weisheit und ihrer sich entfaltenden Harmonie, die er sehr wohl anerkennt. Sogar das eigene Leben erscheint unter diesen Denkvoraussetzungen als durchaus ungerechtfertigt. Was Iwan am Leben hält, ist eine irrationale Lebensgier, ein Lebensdrang, der indessen aller Logik entbehrt[41] und wohl auch nur bis zum 30. Lebensjahr den Ekel am Dasein zu kompensieren vermag. Unter anderen seelischen Gegebenheiten könnte es vielleicht als Iwans eigentliche Aufgabe erscheinen, sein Denken nach seiner instinktiven Liebe zum Leben auszurichten[42], aber wie soll man als Mann des Verstandes diese «beinahe unanständige» Liebe «mit seinen Eingeweiden», mit den «ersten Jugendkräften»[43], ohne Rechtfertigung durch Verstand und Logik als berechtigt akzeptieren können?

Iwans Hauptproblem indessen ergibt sich in seiner ganzen Heftigkeit erst als Resultat all dieser inneren Widersprüche: das Dilemma völliger geistiger Bodenlosigkeit. Einerseits sehnt Iwan sich nach einem festen Standpunkt[44], aber er kann an eine innere Ordnung der Dinge ebensowenig glauben wie die Zuverlässigkeit der Liebe, «im Gegenteil» erscheint ihm «alles» als «ein einziges unordentliches, verfluchtes und vielleicht von Dämonen beherrschtes Chaos»[45]. Die latente Verachtung der Welt, der verzweifelte Hochmut dieses hochfahrend zwischen den Wolken schwebenden «Adler»-Intellekts, ist nicht zu übersehen; aber um so dringlicher stellt sich die Frage, wie man die Angst überwinden kann, die eine solche Flucht vor der Erde bedingt?

b. Der verzauberte Walfisch

Gleichwohl repräsentiert der «Adler» nur die eine Seite in dem Porträt der inneren Zerrissenheit; sein Gegenstück ist der «Walfisch», und wenn man in dem «Adler» eine entwurzelte, freischwebende Intellektualität erkennen muß, so wird man in dem «Walfisch» das Symbol einer dunklen, dumpfen Triebhaftigkeit erblicken dürfen, die vom Ich als eine durch und durch fremde, übermächtige, letztlich unbeherrschbare Macht empfunden wird[46]. Vor allem das Verlangen des Mannes nach der Frau, das Gefühl einer grenzenlosen Sehnsucht, einer «ozeanischen» Weite, der «Geschmack am Unendlichen»[47] spricht

sich in der Gestalt des «Wales» aus. So berichtet die antike Mythologie von dem Seeungeheuer, das die schöne an den Felsen gefesselte *Andromeda* umwarb – ein Thema, das die Griechen in den Sternbildern am Himmel verewigten[48], offenbar, weil es einen Konflikt wiedergibt, der zu jeder Zeit im Menschen lebt. Auch die Entgegensetzung von «Adler» und «Walfisch» ist in den Mythen, vor allem der nordamerikanischen Indianer[49], gut belegt, und es ist eben dieser Gegensatz selbst, der im Märchen von der «*Kristallkugel*» eine besondere Beachtung verdient. Denn gerade die angstgetriebene Überintellektualität, die Entfremdung und Vermeidung aller «tieferen» Gefühle bedingt notwendigerweise eine gleichermaßen isolierte und überdimensionierte Triebhaftigkeit, einen nahezu manichäischen Dualismus zwischen Geist und Materie, Höhe und Tiefe, Licht und Dunkelheit[50]. Der «Geist» vermeidet es, sich auf die Welt des undurchsichtigen Lebensdranges einzulassen, und dieser wiederum entzieht sich jeder Vergeistigung. So steht, um bei demselben Beispiel zu bleiben, in DOSTOJEWSKIS «*Brüdern Karamasoff*» dem haltlosen intellektuellen *Iwan* der vitale, triebhafte *Dmitri* gegenüber, dessen Person sich zum Verständnis der «Walfisch»-Problematik besonders eignet.

Auch *Dmitri* leidet in DOSTOJEWSKIS Roman zutiefst unter seiner Zerspaltenheit, unter seiner unergründlichen Tiefe und Weite, die sich vor allem in der Gefahr einer unersättlichen Wollust verdichtet. «Die Schönheit», erklärt er, «ist

eine schreckenerregende und fürchterliche Sache... Ich kann es... nicht ertragen, daß manch einer, der sogar an Herz hochsteht und mit hohem Verstande begabt ist, mit dem Ideal der Madonna beginnt und mit dem Ideal Sodoms endet. Noch furchtbarer, wer schon mit dem Ideal Sodoms im Herzen dennoch auch das Ideal der Madonna nicht bestreitet – und es flammt von ihm sein Herz, und in Wahrheit, in Wahrheit flammt es wie auch in jungen, lasterlosen Tagen. Nein, weit ist der Mensch, sogar allzu weit, ich hätte ihn etwas begrenzt... was sich dem Verstande als Schmach offenbart, das erscheint dem Herzen als lautere Schönheit... Furchtbar ist das, daß die Schönheit nicht nur eine fürchterliche, vielmehr auch eine geheimnisvolle Sache ist. Da kämpft der Teufel mit Gott, das Schlachtfeld aber – ist das Menschenherz.»[51]

Quälender, widersprüchlicher und ohnmächtiger kann man die eigene Triebhaftigkeit und die gleichzeitige Faszination aller Sinne, aller Seelenkräfte durch das Schöne nicht empfinden und schildern. Dabei mag man sich fragen, wer von den zwei *Brüdern Karamasoff* an seiner eigenen Widersprüchlichkeit mehr leidet oder Leiden schafft. *Iwans* Zerrissenheit liegt zwischen der Suche nach Halt und dem Chaos der Gedanken, die Zerspaltenheit *Dmitris* besteht in dem Konflikt zwischen der Suche nach einer madonnenhaften Reinheit und einer um so demütigenderen Abhängigkeit von den unterdrückten (im wesentlichen sexuellen) Antrieben. Als «Walfisch» in der «Tiefe» leben zu müssen bedeutet für ihn, jeden Tag und jede Stunde grauenhaften Schuldgefühlen ausgeliefert zu sein und damit einem Abgrund endloser Selbstvorwürfe, Wiedergutmachungswünsche sowie extremer Gefühle von Selbsthaß und Selbstverachtung gegenüberzustehen; ja, am Ende muß er selber sich schon für unrettbar verloren halten, bzw. es muß ihm selber schon wie eine Art negativer Pflicht erscheinen, die eigene Schande nach Möglichkeit noch zu vermehren. «Noch kann ich einhalten», erklärt er zum Beispiel seinem Bruder *Alescha*, «wenn ich einhalte, kann ich morgen immerhin meine verlorene Ehre zur Hälfte zurückerlangen; ich werde aber nicht einhalten… Untergang und Finsternis! Zu erklären ist da nichts… Die stinkende Gasse und die Teuflische, das ist mein Schicksal!… Bete nicht für mich, es lohnt sich nicht.»[52]

Gerade so muß man sich die Hilflosigkeit und Verzweiflung des Ich gegenüber seinen riesigen «tierhaften» Triebimpulsen vorstellen – als ein Gefühl, auf ewig verflucht zu sein und etwas Besseres als die Verfluchung aller auch gar nicht zu verdienen. Und dennoch sucht der «Walfisch», verführt von der Schönheit, zugleich seine Reinheit und Vermenschlichung, und selbst noch in der Dunkelheit des Abgrunds werden die «Walfisch»-Menschen sich nach der Heiligkeit sehnen. «Herr», betet *Dmitri Karamasoff* zu Gott, «nimm mich auf in aller meiner Ruchlosigkeit und richte mich nicht! Laß mich vorüber ohne dein Gericht! Richte nicht, weil ich selber mich verurteilt habe, richte nicht,

weil ich Dich liebe, Herr! Niederträchtig bin ich, aber ich liebe dich: Du wirst mich zu Hölle senden, und auch dort werde ich dich lieben… Aber laß auch mich zu Ende lieben… jetzt, hier zu Ende lieben, nicht länger als fünf Stunden, bis zu deinem flammenden Lichte… Denn ich liebe die Königin meiner Seele. Ich liebe sie und kann nicht anders als sie lieben.»[53]

In ähnlicher Weise sagt das Märchen von der *«Kristallkugel»*, daß die tierhaften Zerrformen des Menschlichen wenigstens zwei Stunden am Tag ihre menschliche Gestalt zurückerhalten durften; freilich ist dies ein ebenso tröstlicher wie schmerzhafter Hinweis auf den Rest einer noch unzerstörten Menschlichkeit: trotz aller angstbedingten Deformationen des Menschlichen hören die «Adler»- und die «Walfisch»-Menschen, die Anbeter Gottes aus den Tiefen der Unterwelt und die Gottessucher in den Höhen der Einsamkeit, nie gänzlich auf, sich nach ihrer Erlösung zu sehnen, und selbst ihr Leid und ihre Zerrissenheit geben noch von der wahren Tiefe und Größe ihrer Menschlichkeit Zeugnis.

c. Auf der Flucht vor sich selbst

Auch die dritte Person, der eigentliche «Held» des Märchens von der *«Kristallkugel»*, stünde in der Gefahr, in ein Tier verwandelt zu werden, gelänge es ihm nicht, dem dämonischen Einfluß seiner Mutter rechtzeitig zu entkommen.

In vielen Märchen sonst verkörpert *der dritte Sohn* diejenige Seite des Ich, die dem Unbewußten am nächsten steht

und die in ihrer Einfachheit und Gradheit allein imstande ist, die Einseitigkeiten und Widersprüche der Persönlichkeit zu revidieren[54]. Es wäre aber ein großer Irrtum, diese Bedeutung ohne Rücksicht auf den Kontext jetzt auch auf das Märchen von der *«Kristallkugel»* rein schematisch zu übertragen. Die Gestalt des dritten Sohnes hier ist keineswegs durch eine besondere Vertrautheit mit dem Unbewußten ausgezeichnet; sie ist vielmehr zentral geprägt durch die Angst vor der jederzeit drohenden Gefahr, in eine Bestie «verwandelt» zu werden, das heißt, in seiner eigentlichen Natur als etwas buchstäblich Gemeingefährliches, Monströses in Erscheinung treten zu müssen, und diese Angst kann man nach dem Gesagten wohl verstehen. Wie denn auch sonst soll jemand sich empfinden, der zu einem Drittel sich als «Adler», zu einem anderen Drittel sich als «Walfisch» erleben muß? Muß er nicht fürchten, mit seinem gefühlskalten, abstrakt dahinschwebenden Denken jeden Menschen in der Nähe zu vernichten und umgekehrt mit seiner isolierten schwermütigen Triebhaftigkeit jeden in die Tiefe zu reißen, dem das Unglück widerführe, sich auf ihn einzulassen? Dabei ist das Verlangen nach Liebe und Zärtlichkeit inmitten einer derart mit sich zerfallenen bzw. sich selbst verfallenen Einsamkeit für sich genommen bereits von einem gewissermaßen «wölfischen» Heißhunger, denn die Angst, dem anderen gefährlich zu werden, gerade weil man ihn liebt, kann natürlich nur immer neue Kontaktabschnürungen und unerfüllbare Sehnsüchte hervorrufen. Und ebenso ist die Angst, in einen «Bären» verwandelt zu werden, nicht unbegründet: gerade die zurückgestaute Gier nach Lust und Leben erzeugt die Angst, durch rücksichtslose Direktheit, durch täppische Unbeholfenheit und rohe Brutalität wirklich zu einer lebenden Gefahr für jeden zu werden, der als Partner der Liebe in Frage käme. Unter solchen Umständen muß man nicht nur vor sich selbst Reißaus nehmen, man muß verantwortlicherweise auch alle anderen geradezu schon aus der Ferne auffordern, die eigene Nähe zu fliehen, und kein Weg ist dabei zur Flucht tauglicher als der Weg erneut der Dichter und Priester.

Es mag vielleicht überraschen: aber wenn man sich die Person eines solchen Menschen auf der Flucht vor seiner eigenen Raubtierhaftigkeit wirklich vorstellen will, so darf man gewiß nicht an einen lebenden *Rasputin* denken; eher, weit eher muß man den Menschen auf der Flucht vor der Wolfs- oder der Bärengefahr, den menschlich gebliebenen Bruder des «Adlers» und des «Walfischs», sich in der Kutte des Mönchs *Alescha* in DOSTOJEWSKIS «Brüdern Karamasoff» vorstellen. Denn gerade von Dostojewski kann man lernen, wieviel an Angst vor der eigenen mörderischen Wolfsnatur dazu gehört, den Weg eines Heiligen zu beschreiten. Aleschas Lehrer selbst, der greise *Sosima,* steht bereits in dunkler Beziehung zu einer Mordtat, als deren Sühne er selbst in der Rolle eines Einsiedlers und begnadeten Seelenführers sein Leben versteht; und es ist DOSTOJEWSKIS Überzeugung, daß

die wirksamsten Mittel gegen das Verbrechen – das Verstehen und die Sanftmut – einzig aus einem tiefen Wissen um die unheimlichen Möglichkeiten der eigenen Seele geboren werden. «… in Wahrheit», meint der Starez *Sosima,* «ist jeder vor allen und für alle schuldig, es wissen das nur nicht die Menschen, wenn sie es aber erkennen würden – dann wäre sogleich das Paradies auf Erden!»[55] Daraus folgt die Haltung der Bergpredigt: «Sei besonders dessen eingedenk, daß du niemandes Richter zu sein vermagst. Denn es kann ja auf Erden niemand Richter sein über einen Verbrecher, bevor nicht dieser Richter selber eingesteht, daß auch er genauso ein Verbrecher ist wie der, der vor ihm steht, und daß vielleicht gerade er mehr als alle anderen Schuld trägt an dem Verbrechen dessen, der vor ihm steht. Wenn er aber dieses einsehen wird, dann wird er auch Richter sein können… Denn wäre ich ja selber ein Gerechter, so würde vielleicht der Verbrecher, der vor ihm steht, kein Verbrecher sein. Wenn du es vermagst, das Verbrechen des vor dir stehenden und von dir in deinem Herzen verurteilten Verbrechers auf dich zu nehmen, so nimm es ohne Zögern auf dich und leide selber für ihn, ihn aber entlasse ohne jeden Vorwurf. Und wenn sogar das Gesetz selber dich zum Richter dieses Verbrechers bestellt hätte, so wirke du auch dann, soweit es dir nur möglich sein wird, in diesem Geiste.»[56] Diese praktische Auslegung der Worte Jesu in Mt 7,1–5 bedeutete für DOSTOJEWSKI keinesfalls nur eine «moralische» Anwei-

sung; sie ergab sich für ihn vielmehr als eine einfache Konsequenz aus der Wahrheit des eigenen Herzens – ein weniges nur an Selbsterkenntnis, und ein Abgrund täte sich auf.

Gerade so aber wird man die Gestalt des Dritten der *«Brüder Karamasoff»,* des Mönchs *Alescha,* verstehen müssen: als eines Mannes, der vor sich selber in die Welt hineinflieht, um für einen Mord zu büßen, den er äußerlich nicht begangen hat, den er aber doch als Möglichkeit, als Tendenz in sich trägt – ganz ähnlich, wie DOSTOJEWSKI in seinem Roman *«Der Idiot»* die Gestalt des *Fürsten Myschkin* mit dem triebhaften Mörder *Rogoshin* als seinem dunklen «Bruder» konfrontiert. Die Menschlichkeit dieses «dritten», wolfsflüchtigen, mönchischen Menschen liegt darin, daß sie die grauenhafte Tat durch ein rückhaltloses Wissen um sich selbst und die Fähigkeit eines universellen Verstehens ersetzt und damit bei sich selbst verhindert.

Andererseits ist der Preis, der dafür zu zahlen ist, hoch: *Alescha,* der geduldige, der schweigende, der verzeihende, der wie ein offenes Ohr die Geständnisse seiner Brüder und aller anderen Menschen in sich aufnimmt, vermag doch den Gang der äußeren Handlung so wenig zu beeinflussen wie der Fürst im *«Idioten».* Die Heiligengestalten DOSTOJEWSKIS ähneln in ihrer Isolation von den verdrängten Antrieben der Sexualität und Aggression den zwiespältigen Darstellungen mancher gotischer Kirchenfenster, die etwa König *David* zeigen mit König *Saul* zu seinen Füßen[57] – so als wenn das Helle des Dunklen förmlich bedürfte, um sich auf seinen Schultern zu erheben. Die eigentliche Frage, die das Werk dieses großen russischen Dichters, dieses vielleicht größten Menschen- und Seelenkenners der Neuzeit, mehr stellt als beantwortet, muß man schließlich ungelöst zurückgeben an ein kleines Märchen, das doch die Typologie der Charaktere ganz und gar mit DOSTOJEWSKIS Hauptwerk teilt: wie erlöst man den dritten Bruder von seiner Angst, durch sein bloßes Dasein nichts als tödliche Gefahr und Schrecken um sich her verbreiten zu können, oder, besser: wie gelangt dieser dritte Bruder, der Mönch *Alescha,* dazu, seine beiden Tierbrüder zu ihrer Menschlichkeit zu befreien? – Ehe sich diese Frage beantworten läßt, ist noch ein Blick auf die Psychogenese einer solchen Charakterstruktur zu werfen; denn nur wer die Gründe der Angst im Hintergrund einer derartigen Seelenzerrissenheit kennt, vermag auch den Abgrund der Gegensätze zu überbrücken.

2. Die dämonische Mutter und der fehlende Vater

Als Ursache der zerreißenden Angst nennt das Märchen von der *«Kristallkugel»* die Gestalt der Mutter: sie habe ihre Söhne in Tiere verwandelt, um sich an der Macht zu halten, und es sei im Grunde ihr Dominanzverlangen, das ein integriertes menschliches Leben in ihrer Nähe und unter ihrem Einfluß nicht zulasse. Wenn diese Mitteilung zutrifft, muß man das Schicksal der «drei Brüder» zunächst wesentlich als Angst vor der Mutter verstehen, und man berührt damit augenblicklich einen der neuralgischen Punkte des modernen Zeitgeistes.

Denn offensichtlich scheint gerade der patriarchalische Grundzug unserer Kultur die Rolle der Frau mit einer eigentümlichen Ambivalenz auszustatten[58]. Die «Flucht vor dem Weibe»[59] hat zahlreiche maßgebende Denker der Neuzeit – wie KANT[60], SCHOPENHAUER[61], KIERKEGAARD[62], NIETZSCHE[63] oder SARTRE[64] – zutiefst geprägt, und deren geistiger Einfluß wiederum wäre kaum verstehbar ohne den Hintergrund einer geradezu pathologischen Angst vor der Frau in unserer gegenwärtigen Gesellschaft. Psychologisch betrachtet, ist es in der Biographie der Einzelnen indessen stets die eigene Mutter, deren scheinbare Übermacht (und Unterlegenheit!) die seelischen Fluchtreaktionen hervorruft, und von der Art *ihres* Einflusses muß man sich daher als erstes eine hinreichende Vorstellung verschaffen.

Es wäre gewiß verfehlt, sich die «Machtgier» einer dominanten Mutter einfach als eine Form von primitivem Egoismus zu denken – *dagegen* könnte sich ein Kind mit eindeutigen Gefühlen von Haß und Ablehnung zur Wehr setzen. Wirklich «dämonisch» hingegen wirkt die Macht einer Mutter, die es in ihrem Bewußtsein nur herzensgut mit ihren Kindern meint, aber mit ihrer (Über-)Fürsorge stets die Frage verbindet, ob sie selbst auch liebenswert genug oder doch mindestens berechtigt ist

zu leben. Eine solche Frau kann nicht dulden, daß jemand an ihrer Seite anders denkt, fühlt oder handelt, als sie es selber täte – jede Abweichung von ihrer eigenen Art kann von ihr nur als Infragestellung, Vorwurf oder Beleidigung aufgefaßt werden. Also muß sie von früh bis spät «mißtrauisch», wie das Märchen sagt, auf der Lauer liegen, um jede Unabhängigkeit und Freiheit ihres Kindes im Keime zu ersticken. Es ist aber nicht möglich, als Kind einer solchen Mutter begreifbar zu machen, daß sie im Grunde auf eine äußerst unduldsame Weise ihre Umgebung mit ihrer eigenen Unsicherheit terrorisiert, und noch weniger erlauben es die eigenen Schuldgefühle, gegen das Regiment einer so treu sorgenden Mutter offen zu rebellieren. Es verbleibt einzig, den eigenen Intellekt so rasch wie möglich in den Stand zu setzen, die Mutter besser zu verstehen als sie sich selbst; aber es entsteht dabei ein «adlergleicher» Intellekt der Angst, der Kontaktvermeidung, der vertikalen Fluchtdistanz geistiger Überlegenheit, innerhalb deren vor allem aggressive Gefühle nur in Form von Gedanken akzeptiert werden können und jede emotionale Annäherung nur als Bedrohung, als Erstickung, als lebendiges Verschlungenwerden erlebt zu werden vermag[65].

Auf der anderen Seite entwickelt sich gerade parallel zu diesem fanatischen Streben nach Freiheit und Unabhängigkeit eine riesige regressive Sehnsucht nach mütterlicher Geborgenheit und Akzeptation, wie sie sich in dem Meeresaufenthalt des «Walfischs» ausspricht. Besonders die sexuellen Strebungen geraten im Umkreis dieser ausgeprägten ödipalen Bindungen an die Mutter von Anfang an zu einem unauflöslichen Dilemma tabuisierter Wünsche, unterdrückter Sehnsüchte und zahlreicher verdrängter, buchstäblich in der Tiefe des Meeres verborgener und lauernder Triebimpulse. Kein Wunder, wenn das Bild der Frau bzw. die Ambivalenz der Mutterimago auf diese Weise sich extrem zwischen Madonna und Dirne aufspaltet und das «Ideal von Sodom» unablässig wechselt mit dem Ideal der Himmelskönigin[66]. Vor allem aber schwankt das Bild von sich selbst ständig zwischen Selbstüberforderung und Selbsthaß, zwischen (im Grunde moralisch erzwungener) Liebesunfähigkeit und unendlicher Liebessehnsucht hin und her, und dazwischen entsteht ein Ich, das, wie der dritte Sohn im Märchen, vor seinem eigenen Unwesen nur fliehen kann, ständig dabei auf der Suche nach einer Welt ohne die zerreißenden Gegensätze von Natur und Kultur, Trieb und Geist, Sinnlichkeit und Sittlichkeit, Fühlen und Denken, Wollen und Sollen, wie sie für patriarchalische Systeme allem Anschein nach charakteristisch sind[67].

Um so mehr jedoch muß auffallen, daß das Märchen von der *Kristallkugel* von der Rolle des Vaters gänzlich schweigt. Zur Not könnte man darin einen Hinweis sehen, daß die zauberische Mutter ihre Macht über die Söhne gerade aus dem Fehlen des Mannes erhält; zu denken wäre dann an das Problem vieler verwitweter oder aus anderen Gründen allein erziehender Mütter. Wahrscheinlicher aber ist eine andere Annahme. In individuellen Träumen erlebt man es nicht selten, daß gewisse unliebsame Personen scheinbar gewaltlos verschwinden oder daß man ihre Existenz überhaupt nur aus anderen Mitteilungen erschließen kann. Man spricht in solchen Fällen von einer «magischen Tötung»[68], indem hier gewissermaßen ein Mord ohne Mörder, eine Tat ohne eigentlichen Täter begangen wird; die gesamte aggressive Aktivität liegt allein in bestimmten Wünschen verborgen, die selber durch Verdrängung jeder bewußten Wahrnehmung entzogen sind. Die aggressive Wunschverdrängung setzt dabei sowohl heftige Gefühle der Abneigung voraus als auch eine starke Angst vor drohender Strafe. Psychoanalytisch sind solche Gefühle vor allem während der ödipalen Phase in dem Verhältnis eines Jungen zu seinem Vater anzunehmen, und es ist klar, daß ein Kind, das seinen Vater schon als Konkurrenten um die Liebe seiner Mutter haßt, sich noch weit intensiver an die Mutter binden wird, wenn es Grund hat, den Vater wegen seiner autoritären Machtentfaltung und diktatorischen Willkür in der Tat mehr als gewöhnlich zu hassen und zu fürchten. Die Mutter könnte ihre «zauberische» Ambivalenz zusätzlich aus solchen Abscheureaktionen des Kindes gegenüber seinem Vater erhalten, indem das Kind jeden Kontakt mit diesem Despoten und Familientyrannen meidet und ihn mindestens in der Phantasie am liebsten von der Bildfläche verschwinden läßt.

Sehr gut denkbar ist nun, daß das «Fehlen» des Vaters auch im Märchen von der *«Kristallkugel»* wirklich einer solchen ödipalen «Magie» entstammt. Man müßte, wenn diese Annahme zutrifft, sich den «Vater» in etwa so vorstellen, wie DOSTOJEWSKI den alten *Karamasoff* schildert (und wie er z.T. autobiographisch seinen eigenen Vater erlebt hat[69]): als einen äußerst gewalttätigen, jähzornigen Patron, der definitiv beschlossen hat, in seiner Unzucht «bis zum Ende» zu leben, nach der Devise: «In Unzucht zu leben ist süßer als ohne sie.»[70] Den Gedanken an ein ewiges Leben verachtet *Fjedor Pawlowitsch Karamasoff* selbstredend, denn selbst wenn es ein ewiges Paradies geben würde, so geziemt es sich seiner Meinung nach «für einen anständigen Menschen» nicht, in ein solches Paradies zu gelangen[71]. Wie soll man mit einem solchen Ungeheuer von Mensch leben ohne die heftigsten Gefühle von Haß, Abscheu und Ekel? Man wird aber diese Empfindungen, eben weil sie so stark sind, nicht wirklich nach außen hin leben können, vielmehr wird man sie gegen sich selber richten, und auch von dieser Vaterambivalenz her ist die Psychologie des «Adlers», des «Walfischs» und des «Flüchtlings» verstehbar.

Wenn etwa *Iwan Karamasoff* zwar nicht die Existenz Gottes, wohl aber die Weisheit der Weltordnung radikal in Zweifel stellt, so läuft seine gesamte Denktätigkeit letztlich doch auf eine magische Ermordung des Vatergottes, mindestens auf die Leugnung seiner Väterlichkeit hinaus; es erscheint am Ende fast als gleichwertig, ob man an Gott oder den Teufel glaubt; sein Bruder *Dmitri* hingegen weiß sehr wohl um die Heftigkeit seiner Mordwünsche gegen seinen Vater, ja er empfindet sich selbst als potentiellen Vatermörder, aber gerade deshab haßt er sich selber, findet sein ganzes Leben in «Unordnung» und beschließt, für sein «Verbrechen», stellvertretend für den eigentlichen Täter (seinen unehelichen Halbbruder und späteren Selbstmörder *Smerdjakoff*), in den Bergwerken Buße zu tun. Und *Alescha?* Er scheint in seiner Reinheit kaum zu verstehen, was Haß, Zwietracht und Zorn sind, und doch leidet er mit den Unglücklichen, wie wenn sie er selbst wären. Schließlich kann, wie das Beispiel des heiligen *Franziskus* zeigt, auch der Glaube an den gütigen Vater im Himmel einem elementaren Protest gegen die Monstrositäten des Vaters auf Erden entsprechen[72], und es wäre sehr der Untersuchung wert, wieviel an latentem Vaterhaß die Berufs-«wahl» vermutlich der meisten Kleriker determiniert[73].

Die magische Verzauberung, die dämonische Dominanz der Mutter im Märchen von der *«Kristallkugel»* ließe sich jedenfalls noch besser verstehen, wenn man den rätselhaften Einfluß ihrer Person auf die «drei Brüder» durch ein erhebliches Quantum an Vaterhaß verstärkt denken würde. Gerade der Kontrast zwischen der drakonischen Wüstheit des Vaters und der fürsorglichen Liebe der Mutter könnte die Ambivalenz der inneren Zerrissenheit in Gestalt der «drei Brüder» wohl am besten ver-

ständlich machen. Denn so viel ist klar: besäße die Mutter nicht bei allem «Mißtrauen» und aller «Machtgier» zugleich auch äußerst liebenswerte Seiten, so wäre die Sehnsucht der Liebe, diese wichtigste Triebfeder seelischer Erlösung im weiteren Fortgang der Handlung durchaus nicht denkbar, und gerade die Zauberkraft der Mutter, die hintergründige Gefahr ihrer Güte, dürfte dem Umstand entstammen, daß die negativen Erfahrungen mit ihrem Vater die drei Söhne mit um so größerer Heftigkeit in die Arme ihrer Mutter treiben. Erst diese Überbindung an die Mutter macht ihren Einfluß offenbar so gefährlich.

3. Das Traumbild der ewigen Geliebten

In den *«Brüdern Karamasoff»* gibt es im Grunde keinen der «drei Brüder», der sich nicht auf seine Weise nach seiner Mutter sehnen würde. *Iwans* Generalanklage gegen eine Welt, in der unschuldige Kinder grausam gefoltert und gequält werden, ist, wenn auch noch so intellektualisiert, ein einziges Plädoyer für eine «mütterlichere» Welt, und selbst die Macht- und Gewaltausübung der «Mutter Kirche» in Gestalt des «Großinquisitors» kann Iwan sich nicht anders vorstellen denn in Konsequenz eines zwar diabolischen, aber überfürsorglichen, barmherzigen Mitleids. Besonders *Dmitri* spricht die Sehnsucht nach dem reinen Bild seiner Mutter offen aus, wenn er inmitten seines Elends und seiner Schmach immer wieder sein

Verlangen nach der «Schönheit» und der «Freude», sein Verlangen nach Gott bekennt. Und auch *Aleschas* Hoffnung auf ein Paradies allseitiger Brüderlichkeit und universellen Verstehens trägt die deutlichen Züge einer ins Unendliche erweiterten «Mütterlichkeit».

Etwas Ähnliches wird man auch im Märchen von der *«Kristallkugel»* bei den «drei Brüdern» annehmen müssen; denn ohne das unendliche Verlangen dieser drei nach einem reinen Bild der Liebe inmitten aller Angst, Zerrissenheit und Einsamkeit gäbe es für alle Zeit nur die nicht endende Flucht vor sich selbst, ohne Aussicht auf Änderung und Wandlung.

Es gehört zu den großen Rätseln der menschlichen Seele, daß mitten im Unglück, ohne es zu wissen, ein Mensch, der nur aus Angst vor sich selbst zu bestehen scheint und in extremer Weise zwischen Geist und Trieb hin- und hergerissen wird, im gleichen Moment, während er noch sich selber durch Flucht zu entkommen sucht, doch bereits auf der Suche ist nach einem bestimmten Bild, das in seinen verborgenen Träumen lebt und nur darauf wartet, in der Person eines anderen Menschen Gestalt zu gewinnen. Es ist dies zugleich der Punkt, wo es gut ist, daß es die Märchen gibt. Denn nur den Märchen wohnt der unzerstörbare Glaube inne, daß bei aller Trockenheit und Ödnis des Lebens Märchen möglich sind; nur in ihnen lebt noch die Traumvision der Schamanen von goldenen Schlössern am Ende der Welt, und nur in ihnen wohnt die Kraft, die aus den Träumen

Wahrheit werden läßt. Selbst die Tiefenpsychologie mutet an dieser Stelle mit ihren Erklärungen an wie eine stammelnde Stümperei, und ihre «Begründungen» der Liebe dienen mehr dem Zweck, die Illusionen einer unglücklichen Liebe zu zerstören, als die Zauberkraft der Liebe an sich selber zu erfahren oder zu ermöglichen.

Im Sinne der *Psychoanalyse* S. FREUDS etwa beruht die Verzauberung der Liebe zu einer Frau, sofern sie nicht überhaupt als eine kurzzeitige Trübung der Vernunft, als eine List der Natur zur Durchsetzung ihrer genetischen Zwecke erscheint[74], auf den ungelösten Bindungen des Kindes an seine Mutter[75]. Die Gestalt aus Wunsch und Sehnsucht, die sich als *Mutter-Imago* der kindlichen Seele auf lebenslänglich einprägt, ist dabei freilich nicht ein bloßer Abdruck des elterlichen Vorbildes, vielmehr setzt sich das Traumbild späterer Liebe wesentlich aus der Art zusammen, wie das Kind auf die Person seiner Mutter reagiert und seine Eindrücke verarbeitet[76]; nicht wie die Mutter «wirklich» ist, sondern wie sie von ihrem Sohn erlebt wird bzw. welche Wirkungen diese Erlebnisse in der kindlichen Seele hervorrufen, welche Ängste, Enttäuschungen, Hoffnungen, Wünsche, Sehnsüchte, Erwartungen usw. von ihnen ausgelöst werden, entscheidet darüber, welch ein «Typ» von Frau dem Mann im ferneren Leben als attraktiv und liebenswert, als ängstigend und abstoßend oder als verlockend und gefährlich zugleich erscheinen wird.

Im Sinne der *komplexen Psychologie* C. G. JUNGS steht hinter der «Mutterimago» nicht allein die individuelle Erfahrung des Kindes mit seiner eigenen Mutter, sondern der *Archetyp* der Mutter, der Niederschlag der kollektiven Erfahrungen der menschlichen Art mit «dem Weiblichen»[77]; zudem wird das Sehnsuchtsbild der Liebe im Leben eines erwachsenen Mannes wesentlich von der *«anima»* geprägt – einer Verkörperung all jener Erlebnisinhalte, die auf dem Wege der eigenen gesellschaftlichen Berufsanpassung und seelischen Differenzierung unberücksichtigt im Unbewußten liegengelassen oder verdrängt werden mußten[78]. Doch obwohl C. G. JUNG immer wieder die Rätselhaftigkeit und Unbegreifbarkeit der «anima» betont hat[79], geht doch das Entscheidende der Liebe in seinen Begriffen vom kollektiven Unbewußten unter: das Wunder der völlig einmaligen Begegnung zweier Seelen, die nach Jahrzehnten des unbewußten Suchens nach einander plötzlich sich finden und auf ewig untrennbar miteinander verschmelzen möchten und müssen. Während die FREUDsche Begründung der «magischen» oder «hypnotischen» Verzauberung der Liebe eher ein neurotisches Übertragungsphänomen beschreibt (bzw. die Komplementarität bestimmter «Scripts» in der *Transaktionsanalyse* feststellt[80]), löst die Schule C. G. JUNGS das Geheimnis der Liebe in einen Kollektivtraum auf. In beiden Fällen hat man eher eine unpersönliche Mechanik vor Augen als das Geschehen, das die Liebe eigentlich ausmacht: diese ungeheure Mischung aus Gleichheit und Fremdheit, aus Ähnlichkeit und Unterschiedenheit, aus unendlicher Faszination und höchstmöglicher Freiheit, aus traumhafter Ichverlorenheit und doch vollkommener Identität mit sich selber[81]. Die Märchen sind gewiß kollektive Traumerzählungen; aber was sie meinen, wenn sie in immer neuen Varianten das ewige Märchen der glückselig Liebenden erzählen, ist eine Verschmelzung zweier Personen zu einer Wesenseinheit, in der selbst die schicksalhafte Notwendigkeit, die vollkommene Unausweichlichkeit der Liebe, nicht wie ein fremder Zauber, sondern wie die Fügung eines wohlmeinenden persönlichen Gottes erscheint, der sich am machtvollsten ausspricht, wo Menschen am tiefsten in das Element eintauchen, das er selber ist: in die Unendlichkeit der Liebe.

Vielleicht kann ein kleiner Ausflug in die *ägyptische Mythologie* verdeutlichen, wovon die Zaubermärchen im Grunde sprechen möchten, wenn sie, wie das Märchen von der *«Kristallkugel»,* davon berichten, daß ihr «Held» wie schicksalhaft dem Traumbild seiner Liebe bis ans Ende der Welt folgen muß und kein Abenteuer scheut, um am Ziel eines langen Weges zugleich mit der Geliebten sich selber zu erlösen. Die alten Ägypter waren der Meinung, ein Mensch komme nicht einfach als Kind seiner Eltern auf die Welt[82], vielmehr habe zuvor der widderköpfige Gott *Chnum* sein himmlisches Urbild auf der Töpferscheibe gestaltet; die irdische Existenz eines Menschen erscheint in dieser Vorstellung gewissermaßen nur als die Leihgabe eines vollendeten Kunstwerkes an die Fährnisse der Zeit[83]. In jedem Einzelnen lebt zudem nach ägyptischer Anschauung eine *Ka-Seele*[84], welche die individuelle Existenz mit dem Strom des universellen Lebens verbindet – alles, was Leben gibt und am Leben erhält, ist «Ka», und wenn der Begriff der *anima* in der JUNGschen Tiefenpsychologie einen Bereich des kollektiven Unbewußten bezeichnet, so entspricht wohl am ehesten die ägyptische Lehre von der *Ka-Seele* der Sphäre von *animus* und *anima*. Aber die Ägypter wußten vor allem um das Geheimnis der Individualität und drückten es aus in dem Glauben an die *Ba-Seele*[85], die, wie der «goldene Vogel» der Märchen[86], unsichtbar in einem jeden Menschen lebt, im Tod aber sich aus der Hülle der irdischen Existenz zum Licht der Sterne erhebt und zurückkehrt in ihre ewige Heimat. Diese Seele, deren vogelgestaltiges Bild auf den Abbildungen gern das Antlitz des Verstorbenen trägt, ist die eigentliche Trägerin der Liebe und des Lebens, das den Tod besiegt. Die Göttin *Isis* selber hockte der Überlieferung nach wie ein Sperberweibchen brütend über dem toten Körper ihres ermordeten Gatten und Bruders *Osiris*, ehe sie von ihm den Sohn *Horus* empfing, den Rächer und Nachfolger seines Vaters auf dem Thron der Pharaonen[87]. Es ist, zufolge dieses Mythems, die Allmacht der Liebe, die den Tod besiegt, oder, christlich formuliert, es ist die Erkenntniskraft der Liebe, in der sich die Unzerstörbarkeit, die Unsterblichkeit der Geliebten enthüllt[88]. – So seelenvoll durch-

geistigt, so getragen vom Atem der Ewigkeit, so unvertauschbar einmalig ist zwischen zwei Menschen das Wunder der Liebe, meinten die Ägypter, etwas unbedingt Personhaftes und Personales, dem alles Kollektive fremd ist.

Noch ein anderes Mißverständnis, das sich von der Tiefenpsychologie C. G. JUNGS her nahelegen könnte, gilt es an dieser Stelle zu vermeiden: den Glauben, daß die Liebe *im wesentlichen* eine Begegnung mit sich selber sei.

Mit den Augen C. G. JUNGS gesehen, scheint das Märchen von der «*Kristallkugel*» der klassischen Symbolfolge der meisten Individuationsprozesse voll und ganz zu entsprechen: eine Jungfrau, die «anima» der eigenen Psyche, muß in der jenseitigen Welt (des Unbewußten) gesucht und «gerettet», also zum Bewußtsein zugelassen werden; ein solcher Versuch selbst ist schwierig und gefährlich, aber er kann, nach vielfachem Scheitern, doch gelingen[89]. An dieser Sicht der Dinge ist sehr viel Richtiges und Berechtigtes, und man kann es nicht klar genug hervorheben: immer ist eine wahre Liebe in der Tat auch ein Finden der eigenen Seele, eine Einkehr und Rückkehr zu sich selbst, eine neue Geburt, eine Rettung aus der Unterwelt, und immer ist die Langgesuchte, die schicksalhaft Geliebte, die von Gott «Zugeführte»[90], all dies zugleich und in eins: Heimat ist sie und Haus, Mutter und Engel, Schwester und Priesterin, und niemals gehört man sich selbst mehr als in der Ausgegossenheit des Herzens, in der seligen Selbstvergessenheit der Liebe. Vor allem im Märchen

von der «*Kristallkugel*», in der Geschichte dieses innerlich ganz und gar selbstflüchtigen, durch und durch entwurzelten und heimatlosen, dieses getriebenen und ausgelieferten, dieses zutiefst «*Dostojewskischen*» Menschen kann es auf Erden nur *eine* Kraft der Heilung geben: die Liebe zu einer Frau, die er sucht wie eine Königstochter aus einer anderen Welt. Aber es ist nicht möglich, daß dieser Prozeß gewissermaßen nur im eigenen Inneren allein durch Meditation und Selbstbebrütung sich ereignet. Gewiß, um ein Beispiel C. G. JUNGS zur Verdeutlichung seiner Archetypenlehre zu gebrauchen: jeder Webervogel trägt in sich den fertigen Bauplan seines Nestes – er lernt ihn nicht, er existiert in ihm, noch ehe er aus dem Ei schlüpft[91]; und doch findet der Webervogel den Plan seines Nestes erst, indem er ein wirkliches Nest baut. Dabei ist der Bauplan des Nestes kollektiv – alle Webervögel der jeweiligen Art bringen das spezifische Schema ihres Nestbaus mit sich. Ganz anders gerade in der Liebe.

Der Gedanke selbst ist märchenhaft genug, um den Zaubermärchen adäquat zu sein, es trage ein jeder nicht nur das eigene himmlische Wesensbild in seiner Seele, sondern er wisse gleichursprünglich in seinem Herzen auch um das Seelenbild seiner von Ewigkeit her Geliebten. Alles kommt dann darauf an, die Schönheit und Wahrheit dieses Gedankens nicht durch mechanistische oder kollektivistische Theorien zu verderben. Es ist ein ganz und gar personhaftes, individuelles, nur in einem einzigen Menschen zu erfüllendes Versprechen der

Liebe, mit dem ein Mensch zur Welt kommt, und das Gelingen seines ganzen Lebens hängt davon ab, diesen einen Menschen zu finden; ihn aber, diesen einen, muß es wirklich geben, nicht nur als ein Gebilde aus Luft und Nebel, es muß ihn geben auch im Sinne der äußeren, bewußtseinsunabhängigen Realität. Wohl: alles, was man an einem anderen Menschen lieben wird, wonach man bei ihm sucht und was man bei ihm immer tiefer und beseligender finden wird, ist immer auch ein Teil der eigenen Seele; – wäre es nicht so, bliebe der andere uns völlig fremd und vermöchte niemals die Faszination auf uns auszuüben, die zur Liebe gehört – er ginge uns schlechterdings nichts an. Die Liebe hingegen ist gerade darin stark, daß sie das Eigene, nicht Gelebte, das Geschwisterbild des eigenen Ich in der Geliebten wiedererkennt, und so *muß* man sie finden, die Geliebte vom *Gläsernen Berg*, um zu sich selber zu gelangen. «*Meine Schwester*», sagte deshalb im Alten Ägypten der Liebende zu seiner Geliebten[92], um diese Seelenverwandtschaft der Liebe, diese Wesensverschwisterung im Ursprung der Suchwanderung zum «Schloß der goldenen Sonne» zu bezeichnen. Und wenngleich man in diesem «Schloß» auf dem «Gläsernen Berg» tiefenpsychologisch zweifellos auch einen Teil des eigenen Unbewußten erkennen muß, so sagt das Bild des Märchens von der «*Kristallkugel*» doch auch an dieser Stelle etwas von der Liebe selber aus: der «Gläserne Berg» ist in den Mythen der Himmel, der Ort, an dem die Sonne zum Zenit steigt[93], und

die Symbolsprache des Märchens entstammt hier gewiß den Vorlagen der alten Naturmythologie mit ihren Erzählungen von der Hochzeit des Lichts, der Vermählung von Sonne und Mond auf dem Glasberg des Himmels. Sollte es so falsch sein, zu denken: wirklich verfüge die Liebe über die Kraft, uns mitten im Leben, wenngleich noch auf Erden, geradewegs in den Himmel zu versetzen? Und schon jetzt schließe die Liebe uns die Wände der Endlichkeit auf und öffne die Pforten des Himmels zu dem reinen Licht unserer ewigen Bestimmung, zum Haus der Sonne, in dem die Geliebte wohnt? Ist sie doch selber in ihrer Gestalt und in ihrem Wesen so weit wie das Meer und so hoch wie die Wolken, so unendlich nah und so unendlich fern, so inwendig stark und so magisch bezaubernd! Wenn irgend es einen Himmel auf Erden gibt, einen wahren Ort des Paradieses, so in der Gegenwart der Geliebten, dieses einzigen reinen Abbildes Gottes im Herzen des Liebenden. Und die einzige Frage des Lebens ist nur, wie man sie findet, die einzigartig Zauberhafte, die unvergleichlich und unendlich Schöne, die lebende Pforte zum Geheimnis des Himmels.

4. Der Wünschhut der Riesen

Vermutlich ist es das größte psychologische Gebrechen (und das womöglich sogar moralisch größte Verbrechen) der bürgerlichen Gesellschaft, daß sie die Liebe in Gestalt der Ehe zu einem Normalfall sozialer Anpassung erklärt hat.

Irgendein 20jähriger geht mit seinem Mädchen zum Standesamt und erwirbt dortselbst eine Urkunde, die ihn höchsteigentlich befähigt, bis zum 80. Lebensjahr einen anderen Menschen sein «eigen» zu nennen[94], und eben dieser vermeintliche Eigentumsanspruch auf das Leben eines anderen verbrieft ihm das Recht, in Sachen der Liebe ausgelernt zu haben, noch ehe er überhaupt anfängt, wirklich zu leben. Ehrlicherweise kann man nicht beides zugleich haben: eine bürokratische Beruhigung des Daseins im institutionell gesicherten Hafen der Ehe und das romantische Wissen der Märchen um das absolute Wagnis des Lebens, um das göttliche Geheimnis ständiger Verliebtheit, um das äußerste Abenteuer, das der Liebe innewohnt. Vielleicht sind es wirklich nur die nicht zu früh Beruhigten, die – ob in oder außerhalb der Ehe – Weitersuchenden, die Unruhig-Zerrissenen, die «*Dostojewskischen*» Menschen, die sich, wie im Märchen von der «*Kristallkugel*», durchaus nur mit einer «Lösung» der Liebe zufriedengeben, die dem Urbild ihrer Sehnsucht entspricht, und so lange werden und müssen sie suchen, bis sie der Traumgestalt ihres Herzens begegnen. Ein ständiger Mut, eine heilige Nervosität, eine fast lebenslängliche Unbedingtheit des Suchens bis an die Grenzen des «Waldes», der scheinbaren Aussichtslosigkeit und vermeintlichen «Abwegigkeit», treibt diese Romantiker der Liebe, diese unendlich Liebenden an, und schwerlich scheinen sie gemacht, um sich in den Festlegungen des Endlichen zu beruhigen[95]. Sie, die nicht leben können ohne die Wogen eines starken Gefühls, ohne den Taumel der Begeisterung, ohne den Jubel des Entzückens, hören nie auf, Suchende zu bleiben, selbst wenn sie gefunden haben, vielmehr wird ihnen die Liebe selbst zum Ansporn, die Geliebte nur immer noch tiefer kennenzulernen, und wiederum geschieht es, daß die wachsende Erkenntnis des Wesens, der Wahrheit und der Würde der Geliebten die Gründe der Liebe nur immer noch weiter vermehrt – ein Ring des Glücks, der in alle Ewigkeit kein Ende findet. Nie wird im Bannkreis dieser wechselseitigen Steigerung von Liebe und Erkennen, von Erkennen und Liebe die wachsende Vertrautheit zur dreisten Vertraulichkeit, der ständige Alltag zur grauen Alltäglichkeit, die täglich sich vertiefende Gewöhnung aneinander zur Gewöhnlichkeit, sondern es formt sich ein magischer Kreis wechselseitig sich steigernder Faszination – ein «Wünschhut» der Liebe, wie das Märchen von der *Kristallkugel* diesen Ring des Glücks einer immer größeren Annäherung symbolisch nennt.

Tiefenpsychologisch kann man auch bei dem recht häufigen Märchenmotiv eines solchen Wünschringes, Wünschsattels oder Wünschhutes vor stereotypen Verallgemeinerungen nur warnen. Von seiten der FREUDschen Schule wird man in diesen Symbolen ausnahmslos «sexuelle» Anspielungen erkennen, wobei speziell der «Hut» mal als männliches, mal als weibliches Symbol zu deuten ist[96] – «unter die Haube zu kommen» wäre in diesem Sinne ein Bild für

den sexuellen Verkehr, und besonders die Vorstellung vom «Fliegen» an jeden beliebigen Ort ließe sich mit dem entsprechenden orgiastischen Erleben der Sexualität in Verbindung bringen[97]. In der Schule C. G. JUNGS wäre der «Hut» seiner kreisrunden Form wegen zweifellos als ein Mandala-Symbol, als ein Bild des «Selbst» zu verstehen[98], nicht anders als später die Kristallkugel, auf die er symbolisch bereits hinweist. Aber man muß sich hüten, bei solchen an sich richtigen, aber sehr abstrakten Begriffen und Redewendungen stehenzubleiben – sie sind selber eher «Wünschhüte» für jede mögliche Deutungsrichtung als eine wirkliche Interpretation.

Was das Symbol des «Hutes» angeht, so kann vielleicht ein Bild von HIERONYMUS BOSCH die einfache Bedeutung dieser Chiffre veranschaulichen. Auf dem berühmten Triptychon *Der Garten der Lüste*[99] ist auf der rechten Seite, der Darstellung der Hölle, ein bleicher, verstohlen-lüstern blickender «Baummensch» zu sehen, den manche für ein Selbstbildnis des Malers halten wollten[100]; der Kopf dieses Mannes trägt einen riesigen kreisrunden Hut, dessen Aufsatz von einem mächtigen Dudelsack gebildet wird, den widerwärtige Vogel-, Fisch- und Eierungeheuer mit nackten Menschen an den Händen zu der unsichtbaren (wollüstigen) Musik des Dudelsacks im Kreis umtanzen. Samt und sonders, will dieses Bild offenbar besagen, «dreht» sich das Denken dieses zerquälten, zerrissenen Mannes um nicht endende sexuelle Phantasien, die als abgespaltene, sündige, ekelhafte,

ängstigend-faszinierende Obsessionen seine ganze Vorstellungswelt ausmachen; selber vegetiert dieser «Baummann» mehr vor sich hin, als er existiert – ein echtes Konterfei der Hölle. Wendet man dieselbe Symbolik des «Hutes» indessen ins Positive, so entsteht vor den Augen des Betrachters eine selige Gefangenschaft aller Gedanken im Bannkreis der Liebe – gerade so, wie das Märchen von der *«Kristallkugel»* sie beschreibt, ist doch die ferne, die überirdisch Geliebte, die Schöne vom Schloß der goldenen Sonne das einzige Sinnen und Trachten des «dritten Sohnes». Eine andere Bedeutung braucht man mit dem Symbol des «Hutes» an dieser Stelle zunächst deshalb auch nicht zu verbinden.

Eigentümlicherweise aber befindet sich dieser «Wünschhut» der Liebe, dieses magische Kreisen aller Wünsche und Vorstellungen um die Geliebte, zunächst in den Händen zweier Riesen, die einander bekämpfen. Es ist kaum anders denkbar, als daß in diesen «Riesen» eine gewandelte Form des alten Urgegensatzes von «Adler» und «Walfisch» zum Vorschein kommt, nur jetzt auf einer neuen Stufe der psychischen Entwicklung[101]. Die beiden ursprünglichen Ungeheuer, die verzauberten Brüder, erscheinen nach wie vor als unbeherrschbare, unvernünftige, einander bekämpfende Kräfte im Rohzustand – die Ungeschlachtheit gehört zu ihrem Wesensmerkmal; und doch kommt es einem gewissen Fortschritt gleich, daß die beiden großen Antriebsenergien (Geist und Sinnlichkeit) für den Moment ihr tierisches Äußeres gegen eine menschenähnliche Gestalt eingetauscht haben; auch daß ein wirkliches Gespräch zwischen dem Ich und seinen beiden «Schattenbrüdern»[102] stattfindet, weist unwiderleglich auf einen höheren Grad an innerer Reife und Differenzierung hin. Gleichwohl ist das Problem der «Riesen» außerordentlich schwer zu lösen: sie sind es, die den «Wünschhut» in Händen halten, und man bedarf ihrer unbedingt, wenn man auf dem Weg der Liebe vorankommen will. Andererseits führen die «Riesen» einen unsinnigen Kampf um diesen «Wünschhut», den prinzipiell keiner von beiden gewinnen kann: es darf nicht sein, daß einer von beiden isoliert für sich versuchen würde, die Geliebte in Besitz zu nehmen; denn weder das «Adlerdenken» noch die Triebhaftigkeit des «Walfischs» hat etwas mit Liebe zu tun. Und dennoch, sosehr die beiden «Riesen» sich um den «Wünschhut» auch streiten mögen, sind sie *gemeinsam* die eigentlichen Besitzer der einzigartigen Fähigkeit, aus der Sehnsucht der Liebe einen Weg des Lebens zu formen und das Bild der ewigen Geliebten zur Vorlage der Suchwanderung ins Zauberreich der Liebe zu nehmen. Wohlgemerkt, keiner der beiden Riesen käme für sich auf die Idee, sich zum Schloß der goldenen Sonne zu begeben; der bloße Intellekt würde ebenso wie die bloße Triebhaftigkeit ihre gewaltigen, ungebärdigen und ungebändigten Energien weiter verströmen, und alles kommt darauf an, daß sie ihre gemeinsame Macht, den «Wünschhut», aus der Zerrissenheit dem Ich

übergeben. Wie aber kann das ohnmächtige, schwache Ich Herr über die «Riesen» werden? Die Antwort des Märchens ist an dieser Stelle, mit Verlaub gesagt, genial zu nennen. Beim ersten Lesen der Erzählung hat es den Anschein, als handle es sich bei dem Sieg des «dritten Bruders» über die «Riesen» um ein simples Betrugsmanöver, und man denkt unwillkürlich an die Überlieferung der *germanischen Mythologie,* wie der tricksterähnliche Gott *Loki*[103] nach dem Bau der Burg Asgard einen Riesen um seinen Lohn zu betrügen suchte, indem er ihm verweigerte, was er versprochen hatte: die Sonne und die Göttin *Freya*[104]. Tatsächlich wird man in der Königstochter vom Schloß der goldenen Sonne auf dem gläsernen (Himmels-)Berg eine späte «Tochter» der Göttin Freya sehen können; aber gerade der Vergleich mit der germanischen Mythologie macht den entscheidenden Unterschied deutlich: an sich müßte es darum gehen, den rohen Triebkräften, den «Riesen», das Bewußtsein (die «Sonne») und die Liebe (die Gemahlin *Odins, Freya*) zu schenken; wenn aber das Ich versucht, sich an seinen eigenen Antrieben vorbeizumogeln, kann eine solche «List der Vernunft»[105] nur katastrophische Folgen zeitigen: der uralte Kampf zwischen den «Göttern» und den «Riesen» beginnt von neuem und wird am Ende den Untergang der ganzen Welt, den Untergang sogar der «Götter» heraufführen. Demgegenüber schlägt das Märchen von der *«Kristallkugel»* im Umgang mit den «Riesen» einen Mittelweg vor, der

objektiv zwar verhindert, daß ihnen die Geliebte zur wohlfeilen Beute wird, subjektiv aber durchaus nichts Betrügerisches an sich hat. Wenn die «Riesen» von dem «dritten Sohn» schließlich um den kostbaren «Wünschhut» geprellt werden, so ist es eigentlich die Liebe selber, die diesen «Betrug» an den «Riesen» bewirkt. Und eben das ist es, was das Märchen der verängstigten Seele des so zerrissenen «dritten Sohnes» empfiehlt: einfachhin sich dem Traum der Liebe bis zur Bewußtlosigkeit, bis zum wörtlichen «Vergessen» der «Riesen» zu überlassen.
Im Bewußtsein kann es kaum anders sein, als daß sich auf dem Weg zur Liebe all die abgespaltenen Kräfte der Seele wie feindliche und ängstigende Widersacher in den Weg stellen: soll man inmitten der seelischen Zerrissenheit hoffen, eines Tages auf dem Wege des Intellekts – z.B. durch glänzende Prüfungen, hervorragende Leistungen, durch Ansehen, Macht und Erfolg – die Zuneigung der Traumgeliebten zu erringen? Dann müßte der «Riese», in dem die «Adler»-Existenz fortlebt, so schnell wie möglich die Welt des Gefühls, den «Walfisch-Riesen» zu überholen suchen, um in den rechtmäßigen Besitz des «Wünschhutes» zu gelangen. Oder soll man auf den «Riesen» der Gefühle, der tiefen Leidenschaft, der vitalen Triebimpulse setzen? Dann müßte man förmlich wünschen, die geistigen Skrupel, die Zerstörungsarbeit des Geistes, das hemmende Nachdenken möglichst bald hinter sich zu lassen. Auch der «dritte Sohn», das eigene Ich, vermag

bezeichnenderweise von sich aus nur in derselben Alternative zu denken; er vermag die «Riesen» in ihrer Einseitigkeit weder zu bekämpfen noch zu versöhnen; er kann ihren Widerstreit nur als Tatbestand (meist jahrzehntelanger Erfahrung) hinnehmen und versuchen, das Beste daraus zu machen, indem er die beiden so verschiedenen Kräfte seiner Seele zu einer Art geordneten Wettkampfes aneifert, hoffend, daß auf diese Weise die psychischen Antagonismen wie von selbst einer Entscheidung zutreiben können. Doch gerade weil er die «Riesen» subjektiv weder zu bekämpfen noch zu hintergehen trachtet, ja weil er beinahe wie ein ehrlicher Makler zwischen ihnen auftritt, behält er den Kopf frei für sein einzig wirkliches Interesse, für seine träumerische Liebe. Die ständig quälende «Adler»-Frage: Wer muß ich sein, wie hoch muß ich hinaus, was gilt es zu erreichen, um liebenswert und attraktiv zu werden?, tritt ebenso zurück wie die ängstigende «Walfisch»-Frage: Was muß ich vermeiden, wovor muß ich mich hüten, was bedroht mich «von unten»?; und an die Stelle beider Fragerichtungen tritt zum erstenmal die Überlegung, die dem «Wünschhut» einzig gemäß ist: Wohin möchte ich selber, was ersehne ich am meisten, woran möchte ich selber mein Herz hängen? Wenn es etwas gibt, das die innere Zerrissenheit heilen könnte, meint dieses Märchen, so ist es offenbar diese Traumverlorenheit der Sehnsucht und der Liebe. Es handelt sich um eine Erfahrung, die in gleicher Weise jeder Psychotherapie zugrunde liegt[106]: nichts

gilt es – oft über Jahre hin – zu «machen»; vielmehr kommt es «nur» darauf an, die Welt der «Riesen» mit ihren Ängsten und Überforderungen weder zu bekämpfen noch zu betrügen, sondern «einfach» hinter sich zu lassen. Das an sich so hilflose, schwache Ich verfügt doch über alle Möglichkeiten, wenn es sich bedenkenlos, wie selbstvergessen, der Welt seiner Träume überläßt und nichts anderes mehr vor sich sieht als das geschwisterliche Urbild der Geliebten im eigenen Herzen. Nur diese «Magie» der Liebe «trägt», weil man, anders als in den magischen Ritualen, gar nichts auf Erden mehr beabsichtigt außer der Verbundenheit mit der Geliebten selber. Es ist die Zeit, in der das Wünschen hilft: es klärt die eigene Seele, und es trägt «immer weiter», bis daß man anlangt am Schloß der goldenen Sonne und das Herz geläutert genug ist, um dem Himmel nahe zu sein.

5. Der Zauberspiegel der Schönheit oder: Die wahre Gestalt der Geliebten

So seltsam ist es eigentlich nicht, daß Menschen, die in sich schon kompliziert genug sind, unfehlbar für ihr Leben nur einen Menschen suchen und liebgewinnen werden, dessen Seele ähnlich vielschichtig organisiert ist wie sie selbst. – Vermutlich sind es zwei Gründe, die daran mitwirken.
Zum einen ist die Vorstellung zu simpel, eine wirklich große Liebe beruhe auf einer bloßen Verwandtschaft der Seelen, denn das tut sie zwar, aber es

muß zu dem Faktor der Gleichheit mindestens ein ebenso starker Faktor der Unterschiedenheit hinzutreten. Das «Geschwisterbild» der Liebe tritt zumeist in Erscheinung, indem zwei Menschen gewissermaßen ringförmig, von gemeinsamen Voraussetzungen her zunächst bis zur extremen spiegelbildlichen Gegensätzlichkeit sich auseinanderentwickeln, dann aber, von einem bestimmten Lebensalter an, um so intensiver aufeinander zuwachsen. Jeder von beiden tritt dann gewissermaßen als Retter des anderen auf – alles, was der eine entbehrt, lebt in dem anderen, der seinerseits förmlich verkörpert, was man selber zutiefst leben und sein möchte und doch bisher nicht zu realisieren vermochte –; um so mehr bedarf man jetzt seiner, um mit sich selbst in Einklang zu kommen.
Dadurch erfüllt sich wie von selbst die zweite Bedingung einer solchen Liebe der wechselseitigen Erlösung. Denn das Gefühl, mit dem Einsatz der eigenen Existenz den anderen (bzw. sich selbst im anderen) retten zu können, ja unbedingt retten zu *müssen,* beruhigt die ständige Angst und das unvermeidliche Schuldgefühl, den anderen durch die eigene Person nur schädigen zu können. – Insofern verdient es die größte Beachtung, daß beide Momente, die gegensätzliche Gleichheit und das Motiv der wechselseitigen Erlösung, im Märchen von der *«Kristallkugel»* in vollendeter Weise in Erscheinung treten.
Die spiegelbildliche Kongruenz des «dritten Sohnes» und der «Königstochter» ergibt sich bereits aus der «Verzau-

berung», unter der die beiden gleichermaßen leiden. Beide haben ihre menschliche Gestalt nicht verloren, aber beide sind in gewissem Sinne auf der Flucht vor sich selber. Der Fluch der Mutter hat es vermocht, daß der «dritte Sohn» in der Furcht lebt, als «Raubtier» allen anderen gefährlich zu sein; der Fluch des Vaters hat die «Königstochter» dahin gebracht, wirklich zu einer lebensgefährlichen Falle für einen jeden zu werden, der sich um sie müht. 23 Männer, erzählt das Märchen von der *«Kristallkugel»,* haben bereits den Versuch gewagt, die Prinzessin vom gläsernen Berg von der Macht und dem Einfluß ihres Vaters zu befreien – sie alle sind kläglich gescheitert. So entsteht für die «Königstochter» das fast unauflösliche Paradox, daß sie einerseits mehr denn je sehnsüchtig auf ihren Erlöser harrt, aber auf der anderen Seite es nicht wagen darf, einen Mann, den sie wirklich liebgewinnen könnte, dem Risiko ihrer Liebe auszusetzen[107]. Gerade wenn jemand es wagen sollte, sich in ihre Nähe zu trauen und tiefere Gefühle der Zuneigung und Verbundenheit in ihr zu wecken, wird augenblicklich die Angst sie heimsuchen, den anderen tödlich zu gefährden; lieber wird sie deshalb in ihrer Unerlöstheit verharren, als den Geliebten zu verletzen oder zu schädigen. Gerade denjenigen, den die «Königstochter» am meisten liebt, wird sie daher versucht sein, am ehesten wegzuschicken, nur um ihn vor ihr selber zu bewahren. Es ist klar, daß es eine Rettung aus diesem Dilemma der Angst in der Tat nur gibt, wenn der «Königs-

tochter» jemand begegnet, der auf seine Weise dasselbe Problem mit sich herumträgt, und stünde es nicht von vornherein fest, daß beide, der «dritte Sohn» und die Königstochter, einander absolut auf Sein oder Nichtsein bedürfen, so würde wohl keiner von ihnen sich getrauen, dem anderen bedingungslos die eigene Existenz zuzumuten.

Dabei scheint der «Königssohn» zunächst in der ungleich günstigeren Position – er tritt auf mit dem Anspruch des Helden und Retters. Doch der Schein trügt, und man müßte um seine uralte Wolfsangst nicht wissen, um seinen Mut nicht als Mut der Verzweiflung zu erkennen. Freilich vermeint er, wie blind vor Liebe, zunächst nur, die «Prinzessin» vom Schloß der goldenen Sonne zu retten; aber es wird nicht viel Zeit verstreichen, bis er merkt, daß er durch die «Königstochter» mindestens in gleichem Maße von seiner eigenen Mutter erlöst wird, wie er diese von ihrem Vater befreit.

Es ist die alte Preisfrage aller tieferen psychotherapeutischen Beziehungen, wer eigentlich wem am meisten hilft: der Therapeut seiner «Klientin» oder die Klientin ihm. Am Ende, wenn die Liebe siegt, wird man nur sagen können, daß man sich wechselseitig zum Dasein verholfen hat, als würde jeder noch einmal des anderen Vater und des anderen Mutter[108]. Man mag von außen vielleicht über solche «Verflechtungen» lächeln oder sie unter den praktischen Begriffen von «Übertragung» und «Gegenübertragung» abhandeln[109]; aber wenn die «technische» Seite der «Thera-

pie» nicht mehr auslangt, weil es nicht mehr um «Heilung», sondern um «Erlösung» geht, wie sollen dann Menschen anders zueinander finden als unter dem Einsatz ihres Lebens, das sie entweder gemeinsam für immer verlieren oder gemeinsam auf ewig gewinnen? Es gehört jedenfalls ein bewundernswerter, auch echter Mut dazu, wenn der «dritte Sohn» gerade mit seiner Angst und Zerrissenheit entschlossen genug das Wagnis eingeht, die «Königstochter», deren Liebe so viele vor ihm schon vergeblich zu erringen suchten, von ihrer unheilvollen «Verhextheit» zu befreien. Freilich: was er sich da vornimmt, ist kein geringes Werk.

Denn während bei dem «dritten Sohn» selber die Zerrissenheit des Geistes im Mittelpunkt seiner Problematik steht, so leidet die «Königstochter» zutiefst an der Ambivalenz der Schönheit. Schon dieses Spannungsgefälle selbst ist in sich zweideutig. THOMAS MANN hat in den *«Bekenntnissen des Hochstaplers Felix Krull»* die zynische Seite dieses Konfliktes gesehen und angedeutet, wenn er die exzentrische *Diane Philibert* dem «nichtigen», aber schönen *Felix* gegenüber die sozusagen masochistische Theorie der Schönheit vorphilosophieren läßt: «Der Geist ist wonnegierig nach dem Nicht-Geistigen, dem Lebendig-Schönen dans sa stupidité, verliebt, oh, so bis zur Narrheit und letzten Selbstverleugnung und Selbstverneinung verliebt ist er ins Schöne und Göttlich-Dumme, er kniet vor ihm, er betet es an in der Wollust der Selbstentsagung, Selbsterniedrigung, und es berauscht ihn, von ihm erniedrigt zu werden.» «Alle Schönheit ist dumm, weil sie ganz einfach ein Sein ist, Gegenstand der Verherrlichung durch den Geist.»[110] *Diane* erkennt selber, daß sie letztlich mit Betrachtungen dieser Art nur den Ödipuskomplex aus der Sicht der Mutter «rechtfertigt»: sie als erwachsene Frau verkörpert den Geist, die Lebenserfahrung, die Vernunft, wohingegen der geliebte «Knabe» in seiner ewig jugendlichen Schönheit nur einfach «ist». «Und ihr? Was wollt ihr mit unseren Brüsten… unserem Schoß…? Wollt ihr nicht nur zurück zu ihnen…? Ist es nicht die Mutter, die ihr unerlaubterweise im Weibe liebt?»[111]

Stünde es so zwischen der «Königstochter» und dem «dritten Sohn» (nur seitenverkehrt, indem der «Sohn» hier die Rolle des «Geistes» übernähme), so wäre in der Tat das Resümee einzig so zu ziehen, wie THOMAS MANN es tut: «Die Liebe ist verkehrt durch und durch, sie kann gar nicht anders sein als verkehrt.» Glücklicherweise aber verhält es sich weder mit der «Schönheit» so geistlos, wie *Diane Philibert* es meint, noch ist der «Geist» so «unschön», daß er sich nur zerstören könnte, um die Schönheit zu erringen; es wird vielmehr gerade darauf ankommen, die Schönheit als Ausdruck der Seele sehen zu lernen und den Geist als Wahrheit des Schönen zu leben – allerdings: bis dahin ist der Weg noch lang. Gleichwohl enthält die Beziehung, die TH. MANN zur «ödipalen» Seite der Schönheit herstellt, für das Verständnis der verzauberten Prinzessin auf dem Schloß der goldenen Sonne einen an sich sehr wichtigen Hinweis.

Denn was bedeutet es für ein Mädchen, schön, auffallend schön, ja unvergleichlich schön zu sein? An sich einen unschätzbaren Vorzug, sollte man denken, wenn man die unter Umständen verwöhnenden und allzu nachsichtigen Reaktionen der Umwelt einmal beiseite stellt, die einem schönen Mädchen (oder, später, einer schönen Frau) manches gibt und vergibt, was sonst nur ungleich mühsamer erworben bzw. umgekehrt weil strenger geahndet würde. Die Schönheit eines Mädchens aber kann und muß wie ein Fluch wirken, wenn der eigene Vater sie durch seine übermächtige Person im Bann hält, und gerade diese Möglichkeit liegt im Märchen von der *«Kristallkugel»* allem Anschein nach vor.

Es verdient bereits Beachtung, daß bei dem «dritten Sohn» von Anfang an die «Mutter» eindeutig als «Zauberin» namhaft gemacht wird; bei der «Königstochter» hingegen ist nur sehr allgemein von dem «Zauberer» die Rede. Es leidet an und für sich keinen Zweifel, daß dieser «Zauberer» der Vater der schönen Königstochter ist; aber es scheint eine merkwürdige Scheu in dem Märchen zu bestehen, den eigenen Vater als eine Art «Hexenmeister» zu entlarven und sich die Tragik der Vaterbeziehung in vollem Umfang deutlich zu machen[112]. Um so heftiger wird die Vaterambivalenz der Königstochter sein, und es ist nur desto mehr die Frage, wie man sich die Beziehung zwischen Vater und Tochter näherhin denken muß.

Wie es möglich ist, daß ein Vater seine Tochter mit Angst und Schuldgefühlen verunstaltet, läßt sich gewiß auf vielfältige Weise ausmalen; zu dem Problem der «Königstochter» auf dem «gläsernen Berg» aber paßt nur ein Verhalten seitens des Vaters, das sich zentral gegen die Schönheit der Königstochter als Frau richtet[113].

Als Beispiel für eine solche Beziehung mag man etwa an einen Vater denken, der seine Tochter auf das herzlichste liebt, aber selber – ähnlich der Mutter des «dritten Sohnes» – an schweren Selbstwertzweifeln und Minderwertigkeitsgefühlen leidet. Seine Tochter verehrt er abgöttisch als sein ein und alles, und er hält sie wirklich wie eine «Prinzessin» und werdende Königin – alles Vornehme, Schöne, Edle und Verehrungswürdige läßt er sich angelegen sein, ihrem Empfinden so rein und schön wie nur irgend möglich einzuprägen. Und in der Tat findet er all seine Sorgfalt und Mühe reich belohnt durch die blumengleich sich entfaltende Anmut und Schönheit seiner Tochter. Aber so sehr er auch in allen Belangen das Wohl dieser einzig geliebten, seiner wunderschönen Tochter zu fördern versucht, so läßt sich nicht übersehen, wie sehr er ihr gerade mit seiner Liebe und Obhut von einem bestimmten Zeitpunkt an im Wege stehen muß. Der entscheidende Punkt ist, daß die Tochter im Grunde an seiner Seite kein Recht zu einem eigenen Leben erhält, sondern die Rolle des idealen Ichs ihres Vaters zu übernehmen hat[114]; sie ist nicht nur der ganze Stolz, sie ist sozusagen auch das beste Aushängeschild ihres von Minderwertigkeitsgefühlen allerart geplagten Vaters; was dieser im Leben an Anerkennung und Wertschätzung trotz aller Anstrengungen nicht zu erreichen vermochte, das gerade muß seine Tochter ihm sein, schenken und bedeuten. Viel zu früh muß auf diese Weise die Tochter zur Partnerin, zur Helferin und Gefährtin ihres Vaters werden – eine Aufgabe, durch die jedes Mädchen sich ein Stück weit geehrt, aber noch weit mehr überfordert fühlen muß; aus dem wunderschönen Mädchen wird sehr bald eine Frau, die trotz ihrer Schönheit «uralt» und insgeheim erfüllt von Traurigkeit ist.

Es gilt an dieser Stelle des Märchens zu bemerken, daß – wie bei dem «dritten Sohn» der Vater – so hier bei der Königstochter die Mutter «fehlt»; und man muß auch hier wohl zu einem ähnlichen Schluß kommen wie in der Entwicklung des «dritten Sohnes»: daß nämlich die Mutter nicht erwähnt wird, weil sie auf magische Weise verdrängt oder «getötet» wurde. Der Traum der Tochter könnte es etwa sein, selber für den Vater die Aufgaben der Mutter zu erfüllen. Der Haß bzw. die Konkurrenz gegenüber der Mutter kann dabei unter Umständen so groß werden, daß die Mutter tatsächlich von Vater wie Tochter als «nicht-existent» betrachtet wird, und man muß in diesem Falle voraussetzen, daß sich die (ödipalen) Bande zwischen beiden in der gemeinsamen Ablehnung der Mutter nur um so enger knüpfen werden. Gleichwohl sind die tragischen Verwicklungen dieses Arrangements von Anfang an vorgezeichnet, und sie müssen spätestens aufbrechen, wenn aus der Tochter das wird, was der Vater bis dahin mit aller Anstrengung (und viel zu früh!) betrieben hat: eine Frau, die im Bewußtsein ihrer Schönheit zum Leben erwacht. Von diesem Moment an ist die «Umwertung aller Werte»[115] im Leben der Königstochter nicht mehr vermeidbar.

Zum einen muß der Vater selbst nunmehr seine eigenen, zunehmend auch sexuellen Gefühlsregungen gegenüber seiner Tochter unterdrücken, und diese wiederum wird lernen müssen, in allem, was ihr bis dahin als schön, harmonisch, glücklich und rein erschien, etwas Gefährliches, Zweideutiges, Verführerisches, mindestens Zu-Kontrollierendes zu erblicken. Gleichwohl aber hört natürlich der Vater nicht auf, seine Tochter auf seine Art zu lieben, mithin ihre Zuneigung wie bisher, jetzt allerdings unter Verdrängung aller sexuellen Gefühlsinhalte, an seine Person zu binden. Voller Eifersucht und Mißtrauen muß er infolgedessen seine Tochter künftighin umlauern, auf daß sie nur ja keine Beziehungen zu anderen Männern anknüpft. Sie, die ihm selber mehr und mehr zum selbstgeschaffenen Idol, zur Königin und Göttin wird, gilt es jetzt vor der Besudelung und Schändung durch die unverschämte Zudringlichkeit und Dreistigkeit anderer Männer zu bewahren – die Rolle der *Gilda* in VERDIS Oper *«Rigoletto»*[116] könnte nicht besser dieses Syndrom beschreiben. Jede Liebesregung der Tochter gerät auf diese Weise in den Bannkreis des Schuldhaften, Häßlichen, Perversen, Minderwertigen. Andererseits aber hat sie unverändert, wie bisher, ja sogar noch ausgeprägter die Pflicht, des Vaters Ehre und Wertschätzung zu vermehren: in Gesellschaft, bei Festlichkeiten und Bällen, bei allen Veranstaltungen, da der Vater seine Tochter (ganz im Sinne der Theorie FREUDS vom Kind als «Penisersatz» im Umkreis des Kastrationskomplexes[117]) zum «Vorzeigen» braucht, hat die Tochter sich so weiblich, so attraktiv, so verführerisch wie nur möglich zu geben, freilich nur, um sogleich wieder ihre möglichen «Erfolge» als Schandtaten vorgehalten zu bekommen. Übrig bleibt unter diesen Umständen wirklich nur ein Leben auf dem «gläsernen Berg» – außerordentlich verlockend, temperamentvoll und bezaubernd schön nach außen und doch zugleich im Inneren gläsern-spröde, marionettenhaft-gezwungen und in ständiger angstbesetzter Gefühlsabwehr – ein Himmel für andere und eine Hölle für sich selbst.

Ähnlich dem «Walfisch»-Anteil des «dritten Sohnes» schwankt demnach auch die «Königstochter» zwischen der regressiven Bindung an den Vater mit der Sehnsucht nach Liebe und Geborgenheit sowie der Angst und der Flucht vor dem Vater hin und her, nur daß es ihr, ganz anders als dem «dritten Sohn», auch noch untersagt scheint, sich auf eigene Faust in die Welt zu getrauen[118]. Während der männliche Teil im Märchen von der *«Kristallkugel»* in seiner Ichflucht nach außen hin eher die Züge eines Globetrotters und *Don Quijote* annimmt, wird man die «Königstochter» sich eher als aktiv-wartend vorstellen müssen: zwar kommen die Männer von allen Seiten zahlreich zu ihr, aber es scheint, als wenn sie selber daran nicht «schuldig» sein dürfte. Ja, sie muß offenbar, um ihren Vater zu schützen, sich selbst zum vollkommenen Opfer unbegreiflicher Einflüsse und Schicksalsmächte erklären, und lieber verzichtet sie voller Angst und Schuldgefühle immer wieder darauf, in der Liebe glücklich zu werden, als die «Verwünschung» ihres dämonischen Vaters zu durchbrechen. Spätestens an dieser Stelle schließt sich endgültig der Teufelskreis aus Liebesangst und Liebessehnsucht, aus latenter Resignation und demonstrierter Fröhlichkeit, aus ständiger Selbstverleugnung und geheimem Stolz – ein vollendetes negatives Gegenstück zu dem «Wünschhut» des «dritten Sohnes».

In der Tat sind die spiegelbildlichen Entsprechungen zwischen der «Königstochter» und diesem «dritten Sohn» jetzt, wohin man schaut, so durchgehend und vollkommen sichtbar, wie nur irgend möglich, und zwar Gott sei Dank, muß man denken, denn nur durch die Kraft dieser umgekehrt symmetrischen Gemeinsamkeiten ist die Energie ihrer Zuneigung so absolut, nur deshalb auch ist das Lebenswagnis ihrer wechselseitigen Erlösung überhaupt vorstellbar. Aber wie soll man in einem solchen Kraftfeld wechselseitiger Anziehung und Angst, Sehnsucht und Scheu einander nahen können? Das ist die jetzt alles entscheidende Frage.

Der erste Schritt auf dem Wege eines gemeinsamen Glücks besteht darin, den gewissermaßen schwebenden, überirdischen Eindruck der Geliebten gegen die zunächst augenscheinlichen Gebrochenheiten und Enttäuschungen ihres Selbstbildes zu verteidigen. Denn sie, die Engelgleiche, Wunderschöne, traut sich im Banne des «Zauberers» gerade ihre eigene Schönheit nicht zu, sondern fürchtet sie wie etwas Schmutziges; sie, die über alles Geliebte und Liebenswerte, wagt nicht, ein einziges Gefühl wirklicher Liebe zuzulassen noch sich einzugestehen; unter den «Verwünschungen» ihres Vaters muß sie verneinen, was sie bejaht, und selber zerstören, was sie ersehnt. Am meisten aber fürchtet sie, die stets im Dienst ihres Vaters mit Bravour fremde äußere Rollen spielen mußte, daß sie in ihrer eigenen Wahrheit und Wirklichkeit als nicht königlich genug erscheinen könnte; vor nichts hat sie mehr Angst als vor dem Anblick aus der Nähe, stets fürchtend, man könne sich nur enttäuscht von der Wirklichkeit ihres Lebens abwenden. Alles hängt infolgedessen davon ab, der Geliebten das Gefühl ihrer ursprünglichen Reinheit, das Wissen um ihre unverfälschte Schönheit und die Gewißheit ihrer natürlichen Königswürde zurückzugeben, und das rechte Symbol dafür ist der «Zauberspiegel».

Was ist Schönheit? – Es gibt die buchstäblich «geistlose» Definition aus TH. MANNS Roman, an der die Liebe scheitert. Aber es gibt auch eine andere, bessere Definition, die alles das ausdrückt, was die «Königstochter» empfindet und was sie zur Liebe erlösen

kann. «Schönheit», meinte vor 60 Jahren der bengalische Dichter RABINDRANATH TAGORE, «ist das Lächeln der Wahrheit, wenn sie ihr eigenes Antlitz in einem vollendeten Spiegel erkennt.»[119] Schöner läßt sich kaum sagen, was in der Wirklichkeit des Lebens wohl auf Jahre hin bzw. das ganze Leben lang zwischen der «Königstochter» und ihrem liebenden Geliebten sich im folgenden begibt. Wer die «Königstochter» vom Schloß der goldenen Sonne erlösen will, muß sich selbst von ihr den Zauberspiegel reichen lassen, in dem ihr wahres, reines Bild zum Vorschein kommt, bzw. er muß, richtiger gesagt, sein eigenes Herz so rein, so offen, so wohlwollend, so wahrhaftig der Geliebten entgegenhalten, daß die eigene Wahrheit zu sehen ihr selber zum Wunsch, zur Freude, zur Beglückung wird und das «Lächeln der Wahrheit» im Herzen des Geliebten als ihre ewige Schönheit zu leuchten beginnt. All die Verleumdungen, Verfälschungen, Entmutigungen und Erniedrigungen von einst gilt es bewußt zu machen und zu revidieren, und es gibt gewiß kein treffenderes Bild für den langen Prozeß einer solchen wechselseitigen Erlösung in der Liebe als dieses wunderbare Symbol im Märchen von der «Kristallkugel»: gemeinsam gilt es, in den Spiegel der Wahrheit zu schauen und zu glauben, daß die Geliebte ihre Wahrheit von jeher schon kannte und es nur noch darauf ankommt, ihr den Mut zu schenken, diese Wahrheit ungeschmälert für sich selber und ohne falsche Kompromisse nach außen hin auch wirklich zu leben.

Wohl am eindrucksvollsten hat wiederum F. M. DOSTOJEWSKI geschildert, wie dieses Betrachten des Spiegels der Wahrheit, dieser Anblick der eigentlichen Schönheit der Geliebten, vorstellbar ist. In dem Roman «*Der Idiot*» errät *Fürst Lew Nikolajewitsch Myschkin* vom ersten Moment an das Geheimnis der schönen, von allen als Lebedame umworbenen, aber zutiefst leidenden und unglücklichen *Nastasia Filippowna*. Ein Blick auf ihr Bildnis genügt dem Fürsten, um zu sehen: «Ihr Gesicht ist heiter, sie hat aber furchtbar gelitten.»[120] Tatsächlich ist Nastasia vor fünf Jahren von dem reichen *Tozkij* verführt und in ihrem Stolz tödlich gekränkt worden; als der Fürst erfährt, daß sie, nur um Tozkij eine «ordentliche» Ehe zu ermöglichen, mit dem hinterhältigen *Gawrila Iwolgin* verkuppelt werden soll[121], und er sie zudem noch dem brutalen Kaufangebot des groben *Rogoshin* ausgeliefert sieht[122], macht er *Nastasia* aus Mitleid selber einen Heiratsantrag[123], obwohl er persönlich der jungen *Aglaja Jepantschina* weit eher Gefühle warmer Liebe entgegenbringt. Zu diesem Schritt bestimmt ihn erneut und wesentlich Nastasias sonderbares Bild: «Dieses Gesicht, das dank seiner Schönheit und noch etwas anderem, Undefinierbarem ungewöhnlich erschien, machte auf ihn jetzt einen noch stärkeren Eindruck. In diesem Gesicht schien ein grenzenloser Stolz und eine grenzenlose Verachtung, zugleich aber auch etwas Zutrauliches und außerordentlich Schlichtes zu sein... ihre blendende Schönheit war fast unerträglich, diese

Schönheit des bleichen Gesichts, der fast eingefallenen Wangen und der brennenden Augen; jene seltsame Schönheit!»
«Dieses Gesicht... birgt viel Leiden», erklärt der Fürst seinen unmittelbaren Eindruck der Faszination und des Mitleids[124]. Wie aber wirkt er selber auf die unglücklich-schöne Nastasia? Für sie hat der Fürst die Bedeutung, daß sie «in ihm zum erstenmal» in ihrem Leben «einen wahrhaft ergebenen Menschen gefunden» hat. «Er hat an mich auf den ersten Blick hin geglaubt...»[125], gesteht sie, und wirklich hält der Fürst sie, anders als alle, für eine durch und durch «anständige» Frau, denn: «Sie», sagt er, «haben... gelitten und sind aus einer solchen Hölle rein hervorgegangen ... Warum schämen sie sich also?»[126] Es ist eine der erschütterndsten Stellen in DOSTOJEWSKIS großem Roman, als der Fürst *Nastasia* förmlich anfleht, doch nicht aus Stolz und beleidigtem Ehrgefühl ihr ganzes Leben zu ruinieren und das Angebot des Glücks, das er ihr mit seinem Leben in die Hände legt, endgültig auszuschlagen: «Sie sind doch ganz unschuldig. Es ist nicht möglich, daß Ihr Leben ganz verloren sein soll... Sie sind stolz, Nastasia Filippowna, Sie sind aber vielleicht so unglücklich, daß sie sich wirklich für schuldig halten...»[127]. Dichter und intensiver läßt sich *das Betrachten des Spiegels* im Märchen von der «*Kristallkugel*» nicht wiedergeben, dieses so äußerst sensible, hellsichtige und feinnervige Bemühen, einen Menschen, den man über alles liebt, im Grunde mit den Augen Gottes

anzuschauen und ihm unter dem Anblick der ewigen Güte das Gefühl seiner verlorenen Unschuld zurückzugeben, oder was im Grunde dasselbe ist, ihm ein neues Empfinden für seine Schönheit, seinen Stolz, seine Würde, ja für seine Berechtigung zum Glück wiederzuschenken.
Ähnlich wie in den «*Brüdern Karamasoff*» ist dabei auch im «*Idioten*» der «dritte Sohn», verkörpert in der Gestalt des *Fürsten Myschkin*, ein Mensch, der vor seiner «Wolfsnatur» flieht und lieber als Epileptiker alle Aggressionen gegen sich selber richtet, als einem anderen Menschen etwas zuleide zu tun; hier wie dort wird der «Retter» von dem primitiven «Walfisch» *Rogoshin* und dem lauernden «Adler» *Iwolgin* begleitet. Und doch muß DOSTOJEWSKIS Roman, anders als das Märchen von der «*Kristallkugel*», mit einer Tragödie enden, indem der Fürst die Lust an der Selbstzerstörung in *Nastasia* nicht zu mildern vermag; also kann er nicht verhindern, daß sie, wie um den Fürsten vor der Beschmutzung durch ihre eigene Person zu bewahren, sich schließlich dem Wüstling *Rogoshin*, ihrem schicksalhaften Mörder, ausliefert. Im Märchen von der «*Kristallkugel*» sind die Voraussetzungen zur Erlösung der «Prinzessin» demgegenüber von vornherein günstiger; denn wohl versucht auch die Königstochter vom Schloß der goldenen Sonne den «dritten Sohn» vor sich selbst wie vor einer tödlichen Gefahr zu warnen; aber dennoch gibt sie ihm im gleichen Augenblick auch all ihr Leid und ihren Schmerz zu verstehen, wäh-

rend *Nastasia Filippowna* ihre tödliche Kränkung unter der furchtbarsten aller Masken: unter dem Gelächter, dem kalten Spiel geheimer Selbstverachtung und dem Gejohle und dem Beifall all der lustigen und witzigen Köpfe verbirgt, die ihren Untergang buchstäblich nichtsahnend mit ihrer Gefühllosigkeit wie zwangsläufig betreiben. «Selig sind die Weinenden» (Lk 6,21), – diese grausig-wahre Umkehrung des «gesunden» Menschenverstandes, auf den all die klugen, bürgerlichen Durchschnittscharaktere sich so viel zugute halten, ist förmlich die unerläßliche Bedingung zur Erlösung von einem Leben verängstigter Oberflächlichkeit und latenter zynischer Verzweiflung im Umgang mit sich selber. Gott sei Dank, so muß man sagen, hat die Königstochter vom Schloß der goldenen Sonne das Weinen noch nicht verlernt, und also hat sie doch den Glauben an ihr wahres Wesen noch nicht gänzlich verloren. Damit ist die eine wesentliche Bedingung der Erlösung, in wohltuendem Unterschied zu DOSTOJEWSKIS *«Idioten»* etwa, vollauf gegeben.

Noch entscheidender allerdings tritt jetzt der Unterschied zwischen der Person des «Retters» im Märchen von der *«Kristallkugel»* und der tragischen Gestalt des *Fürsten Myschkin* selber in Erscheinung. Die Hauptdifferenz liegt bereits darin, daß der Fürst an sich zwar bereit ist, seine ganze Existenz für *Nastasia* zu verpfänden, aber dabei mehr von Mitleid als von Liebe geleitet wird, und dies ist der Punkt, an dem man, gestützt auf ein kleines Märchen, wohl so-

gar der Größe und dem Genie DOSTOJEWSKIS widersprechen muß. Denn das Motiv des Mitleids, das den Fürsten bestimmt, ist in gewissem Sinne zu edel, zu selbstlos und selber in sich zu gespalten, um die Prinzessin zu erlösen, und Dostojewski selbst beschreibt denn auch die Tragödie des Mitleids mit quälender Genauigkeit. Wohl ist diesem überragenden russischen Dichter nur zuzustimmen: «Sanftmut» ist «eine furchtbare Macht»[128]; aber es ist nicht möglich, den Entscheidungskampf um die Königstochter zu bestehen, ohne die «tieferen» Affekte: Liebe und Haß miteinander zu verbinden. Bei allem, was der Fürst tut, ist nicht zu ersehen, was sein «Opfer» ihm selbst nützen könnte – schon deshalb kann eine so stolze Frau wie *Nastasia* das Angebot dieses heiligmäßigen und hochgesinnten Menschen nicht annehmen, ohne es letztlich doch als eine neuerliche Demütigung und Schande zu empfinden. Das «Selbstopfer» des Helden, das Risiko seines Lebens, bliebe nur so lange «fair», wie deutlich wäre, daß er, wie im Märchen von der *«Kristallkugel»*, im Grunde keine andere Wahl hat: der «dritte Sohn» muß die Königstochter erlösen, weil er sonst auf immer selber in seiner seelischen Zerspaltenheit verbleiben müßte; er selber bedarf der Königstochter, und der Kampf um ihre Erlösung bedeutet für ihn zugleich eine äußerste Auseinandersetzung mit sich selbst. Während man «normalerweise» gewohnt ist, die Liebe für eine Beziehung zwischen relativ «ausgereiften» Menschen zu halten[129], die aneinander nichts wirklich

Neues und Wesentliches mehr zu lernen haben, bewirkt die Liebe zwischen der «Königstochter» und dem «dritten Sohn» gerade, daß beide ihr Leben zum erstenmal bis in die Wurzel, bis in die Tiefe ihrer Leidenschaft und ihrer Sehnsucht hinein, gewinnen, und indem sie es aneinander verlieren, finden sie es auf ewig im anderen wieder. Das Symbol *dieser* entscheidenden Auseinandersetzung indessen ist im Märchen von der *«Kristallkugel»* der uralte *Ritus des Stierkampfes.*

6. Der Kampf an der Quelle

Es kann hier nicht darum gehen, an der blutigen Praxis des (spanischen) Stierkampfes auch nur die Spur einer Rechtfertigung oder gar den Schimmer von etwas Bewunderns- und Rühmenswertem zu entdecken; selbst wenn man die entsetzliche Grausamkeit der industrialisierten Massentierhaltung und Fleischproduktion dagegenhält[130], – der Stierkampf ist und bleibt eine schreckliche Tierquälerei. Man lese E. HEMINGWAYS Kurzgeschichten *«In unserer Zeit»*[131] oder die Erzählung *«Der Unbesiegte»*[132], um der blutigen, rohen und stupiden Wirklichkeit des Stierkampfes zu begegnen. Die «Tauromachie» ist ohne jede Beschönigung ein durch und durch archaisches, gewalttätiges Ritual, dessen Ursprünge vielleicht weit in die Eiszeit zurückreichen[133]. Gleichwohl hindert das nicht, sondern bedingt geradezu, daß die symbolische Innenseite, der geistige Gehalt dieses Bildes eine tiefe und vielschichtige Wahrheit enthält, so wie all die blutrünstigen, scheußlich anmutenden Opferpraktiken der Religionsgeschichte ihre sublime Wahrheit besitzen, wenngleich sie in der Projektionsgestalt ihrer äußeren Aufführung oft in der Tat nichts als menschliches Entsetzen erregen können[134].

Gewiß verdichtete der Stierkampf ursprünglich eine tiefe und wahre Vision der Einheit bzw. des Übergangs von Leben und Tod im «Stirb und Werde» der Natur, und in diesem Umfeld sind auch gewisse «sexuelle» Implikationen nicht zu übersehen. «Zeitlos», meint M. GREENWOOD, «ist der Wunsch der Frau, der Mann möge der Gefahr und dem Tod ins Auge blicken und siegreich mit dem Beweis seines Mutes zu ihr zurückkehren, damit er seine Belohnung empfangen kann.»[135] «Während des Stierkampfes liebt die Frau den Stier und verlängert diese ihre Liebe später in den Armen des Stierkämpfers, wo sie – als das Symbol des Lebens – den Tod des Tieres rächt. Während der Matador seinen Feind liebt und seinen Bruder und Rivalen tötet, erweist sich das Publikum oft wilder als das wilde Tier selbst, und der Matador kämpft gegen zwei Feinde – gegen den Stier und gegen das Publikum! Dann fühlt die Frau vielleicht Mitleid mit dem Helden und verlangt danach, nach dem Kampf seine Narben zu liebkosen und mit dem schützenden Madonnenbildchen an seinem Hals zu spielen. Ihn, der gerade getötet hat, dazu zu bewegen, neues Leben zu zeugen, schließt symbolisch den Kreis von Leben und Tod, der mit dem Einmarsch in die Arena begonnen hat.»[136] Religionsgeschichtlich betrachtet, wird der «Stier» darüber hinaus zumeist als Symbol der dunklen Sonne bzw. des Mondes verstanden, die immer wieder am nächtlichen Himmel getötet werden müssen, um Morgen für Morgen wiederaufzuerstehen[137]. Auch gewisse inzestuöse Inhalte schwingen in der Stiertötung mit, so, wenn Ariadne auf Kreta bei der Ermordung ihres Bruders, des Minotauros, behilflich ist[138]. Und natürlich drückt sich im Stierkampf auch der Sieg des Menschen über das «Tier» aus – alles in allem ein ganzes Panoptikum möglicher psychologischer Bedeutungen, die sich alle wechselseitig bedingen und durchdringen, insgesamt aber einen gewissen ödipalen Unterton nicht vermissen lassen.

Aus zahlreichen Märchen und Mythen kennt man das Motiv der *«Preisjungfrau»* – die Forderung des Vaters, daß, wer auch immer um die Hand seiner Tochter anhalten sollte, zunächst eine (oder mehrere) Aufgabe(n) lösen müsse, die an sich wie gemacht scheinen, den Brautbewerber auf heimtückische Weise aus dem Wege zu schaffen und die Tochter mithin in der liebevoll-eifersüchtigen Zwangsobhut ihres Vaters zu belassen[139]. Oft genug verhängt der Vater, der «König» des Landes, höchstselbst die mörderische Klausel, und nicht selten ist er es auch, der in den tödlichen Konkurrenzkampf mit dem «Räuber» seiner Tochter eintritt[140]. Im Märchen von der *«Kristallkugel»* ist das Problem ungleich innerlicher und in gewissem Sinne daher schwieriger zu lösen. Buchstäblich handelt es sich hier nicht um eine Auseinandersetzung mit «Fleisch und Blut»[141], von Mann zu Mann, sondern um einen Kampf gegen Geister und Dämonen. Nicht der «wirkliche» Vater, sondern sein verinnerlichtes, unter endlosen Angst- und Schuldgefühlen aufbewahrtes Bild schafft, wie wir gesehen haben, im Unbewußten die unheilvolle Verzauberung der Königstochter. Um sie zu ihrer ursprünglichen Unschuld zu erlösen, ist es daher unausweichlich, den «Zauberer» zum Kampf herauszufordern und seine schnaubende Wut, die Gefährlichkeit seiner stoßenden Hörner, vorangepeitscht durch die wuchtige Masse von fünfhundert Kilo muskelbepackten Fleisches, vis-à-vis zum Kampf herauszufordern, selber mit nichts bewaffnet außer dem funkelnden Degen, den es kühn und kalt auf den winzigen Punkt, briefmarkengroß, zwischen die Schulterblätter des Untieres zu lenken gilt. Es ist an dieser Stelle, daß die «furchtbare Macht der Sanftmut» des *Fürsten Myschkin* wirklich nicht mehr genügt. Denn es kommt, statt der «Sanftmut», gerade darauf an, die aggressiven, sadistischen Schuldgefühle, mit denen der Vater jeden Versuch der Liebe seiner Tochter im Keim zu ersticken suchte, endlich an ihn selbst zurückzugeben. Die Königstochter vermag von sich aus diesen Schritt nicht zu tun; aber wer sie liebhat und ihre Liebe erringen will, muß den «Stier», ihren Vater, bei den «Hörnern» packen und seiner Macht einen tödlichen Stoß versetzen. Es ist gewiß nicht verkehrt, wenn man das Eindringen des

Degens in den Nacken des Stiers mit einer gezielten Psychoanalyse vergleicht – einer Zerstörung der fremden, im eigenen Ich sich austobenden Aggressionen durch einen funkelnden, scharfen Verstand, der sich nicht scheut, das Tötende zu töten, das Hassenswerte zu hassen und das Zerstörerische zu zerstören.

Deshalb genügt es nicht, unter dem Lastgewicht der eigenen Vaterangst, wie die Heiligengestalten DOSTOJEWSKIS, wie *Sosima, Alescha* oder *Myschkin,* die eigene Aggressivität zu verdrängen und nur noch das gereinigte Wohlwollen, die universelle Güte, wie in der Aura eines epileptischen Anfalls, zum Leben zuzulassen[142] – niemals würde sonst der dunkle Schattenbruder *Rogoshin* von der Seite des Fürsten weichen, und immer bliebe *Nastasia* seiner rohen Mordgier ausgeliefert. Als «Erlöser» der Königstochter kommt nur jemand in Frage, der die Angst vor der Mordlust, dem Jähzorn, der Eifersucht, der Herrschgier seines eigenen Vaters verloren hat und der zugleich die Wahrheit besitzt, sich seinen eigenen Haß, seine eigene Verzweiflung, seinen eigenen Zorn gegen das Vaterbild einzugestehen – und sich ihm zu stellen. Nicht nur dem Vater der Königstochter, vor allem der Auseinandersetzung mit dem eigenen Vater gilt der Kampf mit dem «Auerochsen», und es ist dieselbe Stoßkraft, die sich gegen diesen Verdrängten, Unbekannten im eigenen Ich wie gegen den dämonischen «Zauberer» in der Seele der Geliebten richtet. Ja, um so sicherer und kräftiger wird der «Retter» den Degen führen, als er seine Hand im Kampf gegen den «Auerochsen» seiner eigenen Kindertage geübt hat, und es braucht einen «Kämpfer», keinen Dulder, um *Nastasia,* um die Königstocher, um die Traumgeliebte vom Schloß der goldenen Sonne zu erlösen. Schließlich hat jede Frau das Recht, daß der Mann, den sie über alles liebt, das Vaterbild in ihr zugleich belebt und besiegt, und nur wer die Kraft hat, sie aus den Händen ihres Vaters zu retten, verdient ihre Liebe.

In der Praxis wird man sich den Kampf mit dem «Ochsen» nicht anders vorstellen können, als all die Verbote, die Vorhaltungen, die Verwünschungen, die Flüche und Haßtiraden, mit denen die Geliebte in Kindertagen für jede Regung der Liebe von ihrem Vater überhäuft wurde, noch einmal auf den Plan zu rufen und den seit eh und je so aussichtslos erscheinenden Zweikampf mit dem Vater noch einmal aufzunehmen. Vielleicht, daß der Vater seinerzeit sogar wörtlich damit gedroht hat, sich selber zu ermorden oder seine Tochter zu erwürgen, wenn sie sich auch nur eines Kusses oder einer Umarmung mit einem anderen Mann getrauen sollte; dann wird man ihm nachgerade sagen müssen, daß er kein Recht hatte, sein eigenes Leben so sehr mit dem Leben seiner Tochter zu verschmelzen, daß diese darunter sich wie erdrückt fühlen muß (-te). Vielleicht, daß er es damals fertig bekam, seine Tochter mit psychosomatischen Symptomen, mit Asthmaanfällen oder Herzattacken, zu beeindrucken, sie als «Sargnagel» und «Vampir» zu beschimpfen und sie für seinen baldigen Ruin als Hauptverantwortliche schuldig zu sprechen; dann wird man ihm jetzt unzweideutig entgegensetzen müssen, daß er kein Recht hat, selber, schlimmer als ein Vampir, sein eigenes untotes Leben mit dem jungen Blut seiner Tochter zu ernähren, und daß es nur einen Weg gibt, den gewiß unbeabsichtigten Fluch vom Leben seiner Tochter zu nehmen: indem er ganz auf sich gestellt zu leben versucht. Vor allem aber wird man dem Vater erklären müssen, was offensichtlich jeder Art von patriarchalischer «Ordnung» im Verhältnis von Vater und Tochter, von Ehemann und Gattin am meisten widerspricht: daß die Seele der Geliebten frei ist, absolut frei, wie eine Taube am Himmel; wohl mag es riskant erscheinen, sie den Gefahren der «Welt» auszusetzen: dem Angriff des Bussards aus den Lüften, dem Vogelgift auf den Saatfeldern der Erde, den Energieströmen der Hochspannungsleitungen quer übers Land; aber schlimmer noch als der Tod ist das allmähliche, im Verlaufe der Jahre sich immer enger schnürende Ersticktwerden durch die Angst einer «Obhut» und «Aufsicht», die den Körper der Seele entleert, nur um die «Gefahren des Fleisches» zu vermeiden. Ein Pferd mag man durch Angst und Einschüchterung zu der «Treue» eines gehorsamen Karrengaules dressieren; aber die Treue eines Menschen erwirbt man sich nur durch das Vertrauen in die Seele der «Taube», die auf Wegen, die niemand kennt, aus noch so großer Entfernung, wie magnetisch angezogen, den Ort zu finden weiß, wo sie zu Hause ist[143], und man richtet die Liebe zugrunde, wenn man ihr die Flügel der Freiheit zerbricht. All die Indoktrinationen und Introjektionen der väterlichen Angst müssen hervorgezerrt werden, um am Fuße des *«gläsernen Berges»* die *«Quelle»* eines ursprünglichen, spontanen, unverdorbenen und reinen Stromes der Gefühle wiederzuentdecken.

Aber noch eine andere Seite besitzt das Symbol des Stierkampfes für den «dritten Sohn». Indem er gegen seinen eigenen wie gegen den Vater der Geliebten zum Kampf auf Leben und Tod in die Plaza tritt, kämpft er zugleich auch gegen ein bestimmtes Ideal von Männlichkeit, von hornochsenähnlicher Macho-Mentalität, von bulliger «Auerochsen»-Gesinnung. Immer noch scheint als ein rechter Mann zu gelten, wer weiß, was er «als Mann» will, so als wäre immer noch der griechische Gott *Zeus* das Vorbild aller Liebeskunst, als er, um die schöne, am Gestade des Meeres blumenpflückende *Europa* zu rauben, selber sich in einen brünstigen Stier verwandelte[144]. Die Königstochter, um es so klar wie möglich zu sagen, ist gerade keine zweite *Pasiphaë,* die, als Gemahlin des *Minos,* des Sohns der *Europa,* auf den Fluren von Kreta vor Liebe zu einem weißen Stier verging, den *Zeus* ihr zugesandt hatte, um von ihm den monströsen *Minotauros* zu empfangen[145]. Die Prinzessin vom Schloß der goldenen Sonne wartet gerade nicht auf einen «Stier» von Mann, sondern auf jemanden, der den «Stier» in sich getötet hat, und wiederum scheint gerade der «wolfsflüchtige» «dritte Sohn» mit sei-

ner uralten Angst vor seiner eigenen Raubtiernatur wie geschaffen für diese Aufgabe. Ähnlich wie in der Bibel die unglückliche *Sarah* von dem dämonischen Einfluß ihres Vaters, dem bösen Geist *Asmodi,* nur erlöst wird, nachdem der junge *Tobit* an den Wassern des Tigrisstroms ein riesiges Fischungeheuer mutig angegriffen und getötet hat[146], wird auch die Königstochter vom «gläsernen Berg» nur errettet werden durch die Liebe eines Mannes, der die Gefahr des «Stieres» in sich überwunden hat. Gerade weil die «Prinzessin» vor nichts auf der Welt eine größere Angst in sich trägt als vor der Unkontrollierbarkeit männlicher Sexualität, wird sich der «gläserne Berg» nur in den Himmel der Liebe verwandeln, wenn miteinander verschmilzt, was sonst fast immer auseinanderzufallen scheint: Kraft und Zärtlichkeit, Festigkeit und Sanftheit, Starkmut und Behutsamkeit, Strenge und Weichheit, Leidenschaft und Langmut, Verantwortung und Glück, die Ordnung des Herzens und die Weite der Seele, die Konzentration auf den Augenblick und der lange Atem der Geduld[147]. Im Herzen dieses so seelenzerrissenen «dritten Sohnes» muß sich vorweg «das» Männliche und «das» Weibliche vereinigen, ehe er selber der ewigen Verbundenheit und vollendeten Einheit mit der geliebten «Prinzessin» vom Schloß der goldenen Sonne würdig wird. Weder der Macho noch der Heilige aus Schwäche, weder der Bruto noch der Sanftmütige aus Mangel an Energie, weder der Toro noch der Verständnisvolle aus Angst vor der Auseinanderset-

zung wird die «Königstochter» retten; nur wer sich selbst in seiner Angst wie in seiner Leidenschaft zu besiegen gelernt hat, wird König im Schloß auf dem «gläsernen Berg» sein.

Aber was ist hier Weg und was Ziel, was Einübung und was Ergebnis?

Der junge Tobit, als er sich auf den Weg nach Ekbatana machte, ohne von der wartenden Sarah auch nur zu wissen, durfte doch des Beistands eines Engels Gottes sich erfreuen. Der Mann am Fuße des gläsernen Berges, am Ort, wo die Quelle entspringt, steht in einsamer Traurigkeit und verzweifelter Entschlossenheit dem angreifenden «Stier» gegenüber; doch er hat als seinen Schutzengel das Versprechen der ewigen Liebe der über alles geliebten, von allem zu erlösenden «Königstochter», die sich ihm hinhält in ihrer Liebe wie ein ewiges Geschenk des Himmels – Hoffnung und Belohnung zugleich, ein ewiger Traum und seine ewige Erfüllung, die Einheit von Himmel und Erde, ein Ort, da die Unendlichkeit des Himmels einbricht in die Zeit. Es ist das Vermögen der zauberhaften, der wesenhaft reinen, der überirdisch schönen Königstochter vom Schloß der goldenen Sonne, die Welt ihres Geliebten, ihres Retters, ihres lang ersehnten Erlösers zu befreien durch die Allmacht ihrer Schönheit, und es ist die sonderbare Macht des so sehr Zerrissenen, dieses «Dostojewskischen» Menschen, wenn er die Leidenschaft seiner Liebe paart mit der Energie seines Mutes und die Königstochter von dem unheimlichen Bannfluch ihres Vaters befreit; beide verfügen in ihrer

Liebe wechselseitig über die Macht, der Schönheit zu ihrer Wahrheit zu verhelfen und die Zerspaltenheit des Herzens zu einen in der Faszination eines nicht endenden Liebreizes.

7. Die kristallene Kugel und die Vermenschlichung der Tiere

An sich könnte man glauben, daß mit der Tötung des «Stieres» das Finale dieses wunderbaren Zauber- und Erlösungsmärchens von der «Kristallkugel» angebrochen sei. Aber weit gefehlt. Damit das Symbol von der kristallenen «Kugel» in seine Wirklichkeit tritt, bedarf es einer Verschmelzung aller Gegensätze, des endgültigen Endes der Zerrissenheit, der völligen Einheit aller Triebkräfte und Strebungen in dem Bemühen um ein einziges Ziel: die kristallene Kugel zu gewinnen, die allein imstande ist, die Macht des zauberischen Vaters im Leben der Königstochter zu brechen.

Im Evangelium (Mt 13,45–46) wird einmal die ganze Aufgabe des Lebens dahin zusammengefaßt, im Überschwang einer absoluten Entdeckung alles Hab und Gut zu verschleudern, um eine einzige kostbare Perle zu gewinnen, deren Besitz mehr wert ist als die ganze Welt. Entsprechend kennt man aus den magischen Praktiken den Gebrauch einer Glaskugel, in der die ganze Welt sich spiegelt und dem Kundigen das Schicksal jedes einzelnen offenbart[148]. Gewiß handelt es sich bei dieser «Perle» oder dieser «Kugel» um ein «Mandala»-Symbol, um ein Spiegelbild der Seele, die in ihrer Erstreckung und Weite sich sammelt und ordnet von einem vorgegebenen Zentrum aus, an dem das Herz durchsichtig wird und alle Schätze der Welt wie in einem Brennglas sich vereinigen[149]. Aber das Geheimnis der «kristallenen Kugel» liegt zufolge dieses Märchens offenbar in dem Wechselspiel der Liebe selbst begründet. Denn während die Prinzessin vom Schloß der goldenen Sonne ihrem Geliebten und Retter den Spiegel ihres wahren Bildnisses zeigt, verrät sie ihm zugleich den Weg, auf dem er die eigene «Mitte», die eigene «Rundung», die Vollkommenheit seines Wesens zu erlangen vermag, und beides ist unzweifelhaft ein und dasselbe: die Unschuld der über alles geliebten Königstochter gegenüber ihrem dämonischen Vater zu verteidigen und wiederherzustellen und ineins damit alle Kräfte der Seele im Herzen der Geliebten zu versammeln. Gerade die unvergleichliche Schönheit ihrer Wesensgestalt lenkt wie in einer hypnotischen Magie, ähnlich dem Wünschhut der «Riesen», alles Interesse, alle Wahrnehmungsfähigkeit, alle Gedankentätigkeit, alle Phantasie, alle Träume und alles Vorstellungsvermögen auf ihr eigenes Herz hin, denn es gibt nur eine Weise, die Prinzessin vom gläsernen Berg zu lieben: mit dem ganzen Herzen muß man es tun – anders kann man es nicht; doch gerade so begibt sich das Wunder der verzauberten Prinzessin, daß sie in ihrer Erlösung zur Wahrheit dem seelenzerrissenen Geliebten die Einheit seines Herzens zu schenken vermag – freilich ein letztes Mal durch ein Wagnis auf Leben und Tod. Denn recht hat das Märchen von der *Kristallkugel»*, daß es keinesfalls genügt, die eigene Triebhaftigkeit «abzutöten», wie es in einer rigoros asketischen Interpretation des Stierkampfmotivs erscheinen könnte; es kommt vielmehr darauf an, die Antriebe in den Tiefenschichten der Psyche zu integrieren, und das Märchen von der «Kristallkugel» verdient in seiner Lebensweisheit in diesem Punkte sogar den Vorzug vor so großartigen Erzählungen wie der biblischen Geschichte von Tobit und Sarah mit dem Motiv der «Fischtötung».

Die Königstochter vom Schloß der goldenen Sonne ist ja nicht nur unvergleichlich schön, sie besitzt auch ein überragendes Wissen um die Geheimnisse der menschlichen Seele, wenn sie betont, daß die «Tötung» des «Stieres», mithin die Selbstbeherrschung, nur ein erster Anfang auf dem langen Wege zu sich selber und zur Liebe sein kann. Schlimmer als die rohe Triebenergie kann die *verdrängte* Aggressivität und Sexualität sich Bahn brechen, ganz so, als entstünde – in der Symbolsprache des Märchens – aus dem «getöteten Stier» ein «Feuervogel», dessen «Ei» die ganze Welt in Flammen zu setzen vermag.

Um zu verstehen, wovon in diesem phantastisch-genauen Bild vom «Feuervogel» die Rede ist, braucht man sich nur in die Biographie mancher «Heiliger» zu vertiefen oder sich selber den Spiegel der Wahrheit aus jenen Augenblicken vorzuhalten, in denen man seine

Gefühle und Affekte absolut «unter Kontrolle» zu haben glaubte – welch ein Portrait erblickt man dann? Etwa das Bild einer gütigen, verständnisvollen, geduldigen und liebevollen Persönlichkeit? Wohl kaum. Eher das Bild eines Mannes, der diszipliniert, straff, herrisch, hochfahrend und rücksichtslos bestimmte Ideale verficht und ihnen alle Menschlichkeit rigoros unterordnet. Es wäre gefährlich, den «Stier» an der «Quelle» schnauben zu lassen; aber noch weit gefährlicher ist es, alle Triebenergien gewissermaßen «verdampfen» zu lassen, indem man sie in «Gedanken» übersetzt. All die Ideologien und Rechthabereien, die Glaubenskriege und Verketzerungen, die Fanatismen und Kreuzzugsideen lassen sich mühelos als Ausgeburten einer Geistigkeit deuten, die aus verdrängten Triebenergien, wie der Feuervogel aus dem toten «Stier», sich erheben. BERNHARD VON CLAIRVAUX z.B. – welch eine Mischung aus verdrängter Sexualität und Marienmystik, aus verleugneter Aggressivität und flammender Kreuzzugsmentalität![150]

Keine Idee für sich allein könnte als Ausdruck geistiger Wahrheitssuche etwas Zerstörerisches an sich haben; Ideen aber, die aus verdrängten Haßgefühlen und unterdrückten Liebesregungen sich speisen, *müssen* gewalttätig, grausam und unmenschlich wirken, und sie sind nicht nur im Leben eines einzelnen brandgefährlich – sie können, wenn sie größere Menschenkollektive ergreifen, buchstäblich die ganze Welt in Rauch und Flammen aufgehen lassen. Statt des Egoismus rein triebhafter «Liebe» erhebt sich dann das narzißtische Unwesen der «Fernstenliebe»[151] oder der «Liebe zur Menschheit», von der bereits *Iwan Karamasoffs* Adler-Intellektualität zu einem gut Teil gekennzeichnet war. Man hat es dabei mit Menschen zu tun, die ständig die Ideale der Aufopferung, der Selbstverleugnung, der «Ganzhingabe», des absoluten «Gehorsams», kurz, der Ichzerstörung im Munde tragen. Nie vernimmt man von ihnen Worte wie: «Ich möchte gern», «ich könnte wünschen», «ich liebe sehr»; stets heißt es bei ihnen: «Man muß aber doch», «so geht das nicht», «man kann doch nicht einfach…», und in allem und für alles haben sie eine allgemeine Lehre zur Absicherung ihrer Rationalisierungen nötig – und also auch zur Verfügung. Sucht man für diese grausige Travestie des Menschlichen im Bild des Feuervogels ein Symbol der Religionsgeschichte, so fühlt man sich auf das lebhafteste an den Kalenderstein der *Azteken* erinnert, der den Sonnengott Tonatiuh als einen menschengesichtigen Raubvogel zeigte, dessen Zunge ein steinernes Opfermesser war, mit dem man den Opfergefangenen auf den Tempelpyramiden von Tenochtitlan die Brust öffnete, um ihnen ihr noch zukendes Herz herauszuschneiden; in seinen Adlerklauen trug er blutende Menschenherzen, an denen er sich allmorgendlich nach der Entkräftung der Nacht zu neuem Sonnenaufstieg mästete[152]; es handelt sich um das Bild eines Gottes, der nur leben kann, solange Menschen darin einwilligen, sich für das Wohl des «Feuervogels» schlachten zu lassen – ein gefährliches Ungeheuer, das sich aus der Unterdrückung aller menschlichen Triebregungen erhebt und damit die verdrängten Neigungen auf geistige Weise nur um so bedrohlicher wiederbelebt und neu verkörpert. Dennoch ist diese «Gefahr des Feuervogels» grundsätzlich nicht vermeidbar, – sie ergibt sich vielmehr unmittelbar aus der «Tötung» des «Stieres» selbst. Als ganz normal zum Beispiel wird man den «Feuervogel» während der Zeit der Pubertätsaskese in Gestalt des so bewundernswerten jugendlichen Idealismus mit seinem Pathos der Unbedingtheit sich erheben sehen[153]. Aber die Gefahr liegt darin, daß ein notwendiges Moment der Entwicklung, ein Stadium auf dem Weg der Liebe, verfestigt und zum Endziel der seelischen Entfaltung erklärt wird. Es ist schlimm, auch im Erwachsenenalter noch Menschen vom Schlage eines *Robespierre* zu begegnen, die als «unbestechliche»[154], mitleidlose Fanatiker einer moralistischen Diktatur und seelischen Schreckensherrschaft die menschlichen Regungen des Gefühls wirklich nicht verstehen können, da sie in ihrem eigenen Leben dergleichen prinzipiell nicht kennen noch zulassen wollen. Nie werden solche Menschen die einfachen Worte Jesu im Neuen Testament begreifen: «Geht erst einmal hin und lernt, was es heißt: Barmherzigkeit will ich und nicht Opfer» (Mt 12,7; 19,13). Sie, die täglich die Selbstabtötung üben, vermögen nur auf zwei Weisen gerettet zu werden: durch die Katastrophe oder durch die Liebe, sofern nicht beide Weisen ineinander greifen.

Paulus etwa, als er vor Damaskus in einem epileptiformen Anfall zusammenbricht[155], mag als Beispiel dafür stehen, wie schrecklich mitunter ein Mensch sich offenbar selber quälen und zerstören muß, ehe er die mörderische Natur des «Feuervogels» abstreift und das Glück eines einfachen Lebens im Umkreis von Milde, Verständnis und Güte zu lernen vermag. Der andere Weg ist zwar nicht ungefährlicher, aber gradliniger und glücklicher: der Kampf der Liebe um den Besitz der Kristallkugel, und er besteht in dem Zusammenspiel und in der Vereinigung all der bisher so widersprüchlichen und in sich zerrissenen Seelenkräfte.

Man kann die Zerstörungsmacht des «Feuervogel»-Idealismus nur bekämpfen mit derjenigen Energie, die ihr am meisten verwandt ist: mit der bisher so unmenschlich erscheinenden Kraft des «Adlers». Denn es bedarf einer starken und scharfsinnigen Intelligenz, um den gefühlskalten Intellektualismus und den lieblosen Idealismus der «Feuervogel»-Mentalität abzubauen. Nicht als ob es falsch wäre, an bestimmte menschliche Werte bedingungslos zu glauben und sich dafür leidenschaftlich zu begeistern – gerade das Märchen von der «Kristallkugel» meint, daß nur der «Feuervogel» das «Ei» abwerfen kann, in dem die Kristallkugel enthalten ist. Aber es gibt kaum etwas Schwierigeres zu lernen als die Klugheit, wie man den Geist mit Hilfe des Geistes vermenschlicht und dem «Feuervogel» seinen eigentlichen «Gehalt» «abjagt» – sämtliche einfach übernommenen und gelernten Begriffe

bedürfen dazu einer unerbittlichen Nachprüfung.

Der Begriff der «Ehre» z. B. – Ihm opfert in FONTANES «Effi Briest» Herr von Innstetten bedenkenlos seine Liebe und seine Menschlichkeit; der Hohlheit des Ehrbegriffs folgt er bis zum Duell, bis zum Mord, und er rechtfertigt in seiner Unmenschlichkeit durchaus das harte, verzweifelte Urteil, das Effi schließlich über ihn ausspricht: «Ich habe geglaubt, daß er ein edles Herz habe, und habe mich immer klein neben ihm gefühlt; aber jetzt weiß ich, daß *er* es ist, er ist klein. Und weil er klein ist, ist er grausam. Alles, was klein ist, ist grausam… ein Schulmeister war er immer… Ein Streber war er, weiter nichts. – Ehre, Ehre, Ehre… Mich ekelt, was ich getan; aber was mich noch mehr ekelt, das ist eure Tugend.»[156] Selbst als *Effi* auf dem Totenbett ihren so klaren Vorwurf in reumütiger Resignation zurücknimmt (wie um ihren Protest stellvertretend an den Leser weiterzugeben), spricht sie doch die Worte, die einem Vernichtungsurteil über ihren Gemahl gleichkommen: «… er hatte viel Gutes in seiner Natur und war so edel, wie jemand sein kann, der ohne rechte Liebe ist.»[157] Um der Liebe willen käme es gerade darauf an, den Ehrbegriff zu relativieren zugunsten einer absoluten Ehrfurcht gegenüber der Geliebten; der Narzißmus der Geltung nach außen müßte ersetzt werden durch das ständige Bemühen, die Schönheit, die Würde, die Reinheit und Unschuld der geliebten «Königstochter» auf jede nur mögliche Weise zu suchen und zu fördern, aber eben da-

von kann bei Menschen von der Mentalität eines *Barons von Innstetten* keine Rede sein.

Oder der Begriff der «*Treue*»! – Er kann, veräußerlicht, als starres «Ideal», die Voraussetzungen der Liebe, statt sie zu schützen, unmittelbar zerstören[158], und vor allem eignet er sich über die Maßen dazu, gerade die Beziehungen der Liebe, noch ehe sie überhaupt reife und erwachsene Formen annehmen können, unter dem Druck einer Moral der Gesetzlichkeit festzuschreiben und jede seelische Weiterentwicklung zu boykottieren. – *Alle* Wertbegriffe könnte man auf diese Weise der Reihe nach durchgehen, – sie alle bedürften zu ihrer Vermenschlichung einer Art kämpferischer «Adler»-Vernunft, durch deren Kritik sie aus ihrer Starre und Enge buchstäblich «zum Meer hin gejagt» würden – ins Endlose, Weite, bis sie sich erfüllen mit dem Wind, der vom Meer her landeinwärts weht, mit dem Atem der Unendlichkeit; denn erst dann werden sie ihren eigentlichen Wert, ihr «Ei», abgeben[159].

Dabei ist es nicht allein der geistige Inhalt, den es jetzt in seiner rationalisierten, im Überich erstarrten Form auf seine menschliche Tauglichkeit hin zu überprüfen gilt – dem Intellektualisieren, dem Herumtheoretisieren selbst ist nunmehr gerade mit den Mitteln der Vernunft der Kampf anzusagen. Im Umgang miteinander oder in psychotherapeutischen Gesprächen zeigt sich der Erfolg solcher inneren Auseinandersetzungen zumeist sehr beglückend daran, daß jemand zunehmend beginnt, von sich selber persönlicher zu sprechen: Die Verkleidung und Einkleidung seiner eigenen Wünsche und Gedanken mit allgemeinen Theoremen, Reflexionen und abgeleiteten Deduktionen läßt nach, das Bedürfnis nach allgemeinen Alibis, das Verstecken hinter der Anonymität des «man» oder hinter dem vorgeschobenen Urteilsspruch fremder Autoritäten geht mehr und mehr zurück, statt dessen aber gewinnt die Gestalt der eigenen Person an Profil. Und gerade diese Personalisierung aller Begriffe und Ausdrucksweisen ist auf dem Weg der Liebe unerläßlich; denn man findet einander nur in dem Wagnis der Zärtlichkeit einer Rede zwischen Ich und Du[160], und wenn es auf Erden etwas gibt, das *keiner* Rechtfertigung bedarf, so ist es das Du der Geliebten und die Liebe zu ihr.

Indem die Energie des «Adlers», der Scharfsinn des Intellekts somit, dazu verwandt wird, nicht weiter weltenthoben und haltlos am Himmel zwischen den «Wolken» zu schweben, sondern den Intellektualismus und den Rigorismus des «Feuervogels» mit allen Kräften zu bekämpfen, geschieht ein wirkliches Wunder sich verwandelnder Menschlichkeit: der «Adler» erhält seine menschliche Gestalt zurück, er gibt seine tierische Zerrform auf und wird dem «dritten Sohn» im Kampf um die «Kristallkugel» dienstbar. Die erhebliche Intelligenz, die sich bisher in einer einsam-verängstigten Gefühlskälte verbrauchte, verliert dabei durchaus nichts von ihrer Klarsicht, ihrer Weite, ihrer Schärfe, aber sie untersteht, topisch ge-

sprochen, fortan dem Ich, nicht mehr dem Überich, das heißt, sie gewinnt an Menschlichkeit, Realitätssinn, Konkretheit, Bodenständigkeit und Wärme; was bislang nur kalte Klugheit war, verwandelt sich zur Weisheit.

Allerdings meldet sich auf der Stelle gegenüber dieser Vermenschlichung des Denkens eine neue Angst: wenn es möglich ist, daß selbst die «ehernen» geistigen Prinzipien nicht mehr so wortwörtlich «absolut», so «losgelöst» von der Welt der wirklichen Erfahrung gelten, ist dann nicht «alles» möglich? Droht dann nicht sogleich die Gefahr zahlreicher Jungmädchenträume: die Schreckvision der «brennenden Hütte»?[161] Wenn selbst das Denken, die geistige Zucht, die Regungen wärmerer Gefühle nicht mehr a priori ausschließt oder unterdrückt, droht dann die Liebe nicht zu einer alles verbrennenden Energie zu werden? Diese Gefahr droht in der Tat, und es zeugt erneut von dem Mut und der Weisheit der «Königstochter», daß sie ihrem «Retter» nur empfehlen kann, sich der Unvermeidbarkeit dieses Risikos bewußt zu stellen. Es stünde wirklich zu befürchten, daß die «Frucht» (das «Ei») der bisherigen Verstandeseinseitigkeit, kaum daß sie gelockert wird, einen «Flächenbrand» unkontrollierbarer Wünsche und Gefühle freisetzt, und manch einer könnte deshalb geneigt sein, den ganzen Kampf um die «Kristallkugel» für ein zu großes Abenteuer zu halten. Hat «man» es nicht schon immer gewußt, daß nichts in Ordnung kommen kann, wenn man nicht in «der» Ordnung bleibt? Sind

nicht all die Guten, die Gerechten, die im Ethisch-Allgemeinen so Beruhigten, die tadellosen Pharisäer von vornherein im Recht, wenn sie sich weigern, ihre gußeisernen Begriffe in Frage zu stellen und das Wagnis der Selbstfindung auf dem Weg der Liebe einzugehen?

Aber dagegen gefragt: hat denn der wirklich Liebende wirklich eine Wahl? Muß er nicht zwangsläufig «Feuer fangen»? «Ich bin gekommen», sagt im Neuen Testament Christus, «um Feuer auf die Erde zu werfen, und was will ich anders, als daß es brennt?» (Lk 12,49).

Diese «Gefahr», von der «Glut» der Liebe «angesteckt» zu werden bis hin zu dem Gefühl, innerlich «verzehrt» oder «verbrannt» zu werden, macht die Liebe gerade aus; wer diese «Gefahr» vermeiden will, mag ein rechtschaffener Bürger, ein zuverlässiger Hausgenosse und ein geselliger Skatbruder sein, aber von der Macht wirklicher Liebe wird er niemals eine Ahnung haben: entweder wird er von der Existenz einer «Königstochter» auf dem Schloß der goldenen Sonne erst gar nicht Notiz nehmen und lieber nach dem «Vollzug» seiner standesamtlichen und kirchenrechtlich «wirksamen» Heirat seine Frau als ein «bekanntes Wesen» behandeln, dem er allenfalls Fairneß, «Treue» und Korrektheit, keinesfalls aber die Verehrung, die Poesie und die Romantik wie gegenüber einer Königin entgegenbringen wird, oder, wenn er wirklich das warme, wahre Wesen seiner Frau zu ahnen beginnt, wird er sich erschrocken abwenden und nach «Recht» und «Ordnung» rufen bzw. die «Pflichten» des bürgerlichen Alltags beschwören. Schließlich läßt es sich offenbar immer noch leichter mit einer gewissen angepaßten Form von Heuchelei leben als mit dem starken, alles verändernden Gefühl wahrer Liebe. Mag auch der «Walfisch» in der Tiefe weiter lauern – unter Umständen gilt dies als weniger bedrohlich als das Risiko eines tief empfundenen Gefühls. Wie in INGEBORG BACHMANNS Hörspiel «Der gute Gott von Manhattan»[162] waltet in der gesellschaftlichen Moral Nachsicht mit den flüchtigen Triebdurchbrüchen und «Abenteuern» einzelner Nächte, aber unbarmherzig verfolgt man diejenigen, die auch im Morgendämmern des beginnenden Tages noch zu ihren Gefühlen zu stehen wagen; das verborgene Laster, die «Walfisch»-Existenz in der Tiefe, erscheint immer noch als erstrebenswerter denn die vermeintlich anarchische Kraft der Liebe.

Dabei wartet der «Walfisch» nur darauf, seine menschliche Gestalt zurückzugewinnen. Die «Sexualität» ist nach Meinung des Märchens von der *Kristallkugel* offenbar durchaus nicht an sich eine gefährliche, chaotische oder tierhafte Naturgewalt, sie wird es lediglich in ihrer aus Angst und moralischem Druck erzwungenen Zerrform im Unbewußten. Das Wunder der Verwandlung, das die Liebe bewirkt, der Zauber einer leidenschaftlich empfundenen Zuneigung, besteht nicht zuletzt darin, daß sich in der Liebe alle Gefühle, Vorstellungen, Sehnsüchte, Wünsche und Empfindungen auf einen einzigen, über alles geliebten Menschen versammeln, und da-

mit vereinigen sich zugleich auch die sonst so widersprüchlichen und zersplitterten Triebimpulse im Ich des Liebenden; sie hören auf, das Ich dem schicksalhaften Kommen und Gehen von vermeintlich rein «naturhaften» Kräften zu unterwerfen; sie gewinnen ihre Freiheit, ihre Menschlichkeit, ihre Schönheit zurück und veredeln sich zu Ausdrucksformen einer Leidenschaft der Sanftheit und der Zärtlichkeit; sie verlieren ihre bislang übermächtige, zwingende Allgewalt und unterstehen fortan den Möglichkeiten und Entscheidungen des eigenen Ich. Mit einem Mal ist es möglich, einander gut zu sein, ohne die ständige Angst, in ein unberechenbares «Tier» verwandelt zu werden.

Paradoxerweise aber ist es jetzt gerade das ursprüngliche «walfischartige» Übermaß an Sehnsucht und Verlangen, das die «Feuergefahr» der Liebe eindämmt und die Vermenschlichung des «Tiefseeungeheuers» einleitet. Was ehedem nur Not und Qual bedeutete, gewinnt jetzt durch die Macht der Liebe eine überaus beseligende Kraft, ja, es wird zur unerläßlichen Voraussetzung der Erlösung. Zu einem Drittel als «Adler» bzw. als «Walfisch» leben zu müssen, hieß bislang, buchstäblich verwunschen und verflucht zu sein; nun aber zeigt sich, daß gerade die «Adler»-Stärke des Verstandes die angstbesetzten Einseitigkeiten zu revidieren vermag, und ebenso ist es jetzt die abgrundtiefe «Walfisch»-Stärke des Gefühls, die die tierhafte Zerrform der «Sexualität» beendet. Seichtere Charaktere als die «Walfischmenschen» besäßen niemals

die ungeheure Energie und Leidenschaftlichkeit der Liebe, die nötig ist, um mit all den halben Lösungen aufzuräumen, die mittelmäßige Persönlichkeiten im Umgang mit sich selbst zu bevorzugen pflegen. Doch eben die enorme Spannweite an Höhe und Tiefe, gerade die extreme Abweichung von allem Durchschnittlichen, Alltäglichen und Oberflächlichen erlaubt es jetzt, sich vom Strom der Liebe bedenkenlos forttragen zu lassen und dadurch das Kostbarste zu gewinnen, das es auf Erden geben kann: die Durchsichtigkeit und Einheit der Seele im Bild der «kristallenen Kugel».

8. Die schöne Prinzessin und ihr Erlöser

Der zweifellos tiefsinnigste und wahrste Gedanke des Märchens von der *Kristallkugel* ist der zugleich wohl am meisten rührende: daß es allein die Liebe ist, die einen Menschen von dem Fluch seiner Kindheit zu erlösen vermag. Man hat sich daran gewöhnt, den Jenseitsweg der Schamanen, den Erlösungsweg der Seele, in die psychotherapeutischen Sprechstunden einiger hochbezahlter Fachleute und «Spezialisten» zu verlegen und damit die Aufregungen der Liebe im Grunde vom Leben fernzuhalten. Aber das Märchen von der *Kristallkugel* bestreitet, daß man einen Menschen wirklich zu sich selbst befreien kann, solange man in kunstvoller psychotherapeutischer Distanz zu ihm verharrt, ohne sich selbst zu riskieren und alles zu wagen. Auf der anderen Seite kann man nur dann alles aufs Spiel setzen, wenn es zugleich auch für die eigene Existenz um Sein oder Nichtsein geht. Gerade die *«Dostojewskischen»* Menschen würden um ihrer selbst willen niemals soviel an Energie investieren, um aus der eigenen Zerrissenheit befreit zu werden; allein die Macht der Liebe und in gewissem Sinne das «Alibi», einen anderen Menschen retten zu *müssen,* vermag sie zu einer Unbedingtheit des Gefühls zu treiben, bei der die inneren Gegensätze sich miteinander verbinden, indem wie in der alten persisch-gnostischen Mythologie[163] der Erlöser selbst zum Erlösten wird.

Was aber ist es mit der «Königstochter»? – Ihre Aktivität bei dem Erlösungsgeschehen erscheint in dem Märchen als so gering, daß sie zu einem Teil sich tatsächlich als eine bloße innerseelische anima-Gestalt deuten läßt; andererseits jedoch muß man bedenken, daß das Märchen von der *«Kristallkugel»* den Erlösungsweg der Seele aus der Sicht des Mannes erzählt und auf die Gefühle der «Königstochter» nur mittelbar Wert legt; anders als beim Roman fällt es einem Märchen für gewöhnlich (zu) schwer, einen einzelnen psychischen Vorgang differenziert aus verschiedenen Perspektiven zu beschreiben, und so zentriert es die Handlung zumeist in einer einzelnen Hauptperson. Gleichwohl lassen sich indirekt doch einige Rückschlüsse auch auf das Erleben der Königstochter ziehen.

Die wichtigste Voraussetzung, die sie selbst zur Befreiung von dem dunklen Schatten ihres Vaters beiträgt, liegt bereits darin, daß sie das Gefühl für ihre eigentliche Schönheit und Würde trotz all des jahrelangen Leids nicht gänzlich verliert. Wohl sind bereits, wie in der Mythologie der indischen Jainas[164], 23 Männer bei dem Versuch, ihre Liebe zu erringen, an dem Fluch ihres Vaters gescheitert; aber eben deshalb weiß die Königstochter jetzt offenbar selbst, daß es diesmal endgültig um alles geht: noch einen weiteren Versuch über dieses letzte Mal hinaus wird es nicht geben, und dieses Wissen verleiht ihr eine Tiefe des Leids, einen Ernst der Entscheidung und eine Stärke der Entschlußkraft, die ihr so ausgeprägt vermutlich nicht immer zu eigen waren. Erstaunlich ist vor allem ihre Hellsichtigkeit, mit der sie ihrem Geliebten die Gefahren auf dem Weg zu sich selber mitzuteilen weiß. Das einzige, was man wesentlich bei ihr vermißt, ist eine direkte Auseinandersetzung mit dem (Bild ihres) Vater(s). Psychologisch gesehen, wird die Macht des «bösen» Zauberers wirklich erst dann beendet sein, wenn die «Königstochter» sich selbst ein Stück weit weniger gefügig, dafür aber selbstbewußter, freier, notfalls auch kritischer und konfliktfähiger gegenüber allen väterlichen Autoritäten zeigt. Aber da der Schatten des Vaters nach der Schilderung des Märchens mit dem Besitz der «Kristallkugel» verschwindet, muß man annehmen, daß all diese vorteilhaften Ergebnisse auch wirklich eingetreten sind – allerdings, man wüßte es gerne auch vom Text selbst her.

Ganz entscheidend aber ist jetzt etwas, das der «dritte Sohn» und die «Königstochter» gemeinsam lernen und das in der Tat ihre Liebe vollendet und bestätigt: beide verlieren endgültig die Angst, einander mit ihrer Gegenwart und Nähe nur zum Schaden zu gereichen. Gewiß gibt es besonders bei Menschen von einer solchen Sensibilität, Reflexivität und Leidenschaftlichkeit, wie das Märchen von der *«Kristallkugel»* sie schildert, keine Angst, die marternder und quälender sein könnte als die ständige Befürchtung, dem anderen, gerade wenn man ihn von Herzen liebt, nur lästig, langweilig oder sogar schädlich und gefährlich sein zu können. Eine ganze Zeitlang wird diese Sorge am Anfang der Liebe zunächst mit der wachsenden Zuneigung womöglich eher noch zunehmen als abnehmen, und sie kann sehr leicht Ausmaße erreichen, die einem verzweifelten Selbstboykott der Liebe gleichkommen. Es gehört ein außerordentlich starkes, wiederum allein von der Liebe getragenes Vertrauen dazu, trotz all dieser Ängste einander nicht mehr loszulassen und schließlich zu glauben, daß man, statt des anderen Schaden oder Gefährdung, ganz im Gegenteil all sein Glück, seinen Frieden, seine Seligkeit, ja ganz wortwörtlich seine Rettung und Erlösung bedeutet und verkörpert.

Von daher ist es unerläßlich, kraft der Liebe auch an die eigene Liebenswürdigkeit und Glücksfähigkeit zu glauben. Insbesondere die Angst vor den eigenen «Tiefen» und «Depressionen», die Angst S. KIERKEGAARDS zum Beispiel, den anderen mit der eigenen Liebe nur unglücklich machen zu können[165], die

Angst F. KAFKAS, mit der verborgenen «Unreinheit» die Geliebte nur beschmutzen und entehren zu können[166], die Furcht der «Königstochter», in den Augen des Geliebten vielleicht nicht gut oder schön genug zu sein – die ganze Hölle derartiger Ängste, die gerade von den Wogen der Liebe aus dem Bodensatz der Kindertage hochgespült werden, kann sich nur beruhigen durch die unendliche Leidenschaft einer Liebe, die es wagt, sich dem anderen bedingungslos und endgültig zuzumuten. Am Ende des Weges wird man der Liebe des anderen glauben, was man sich selbst gegen all die Verwünschungen der eigenen Angst niemals zugestehen

würde: daß es so etwas gibt wie eine eigene Schönheit, Liebenswürdigkeit und Wahrheit, und auch dafür mag noch einmal das Bild der «Kristallkugel» stehen.

Wenn *die mittelamerikanischen Indianer* einen Menschen bestatteten, legten sie gern in seinen Mund ein Stück Jade[167]; sie wollten damit zum Ausdruck bringen, daß dieser Mensch ein Herz besessen habe, so rein und edel wie der grüne Edelstein. Kann es eine Vorstellung von der Liebe geben, die schöner und wahrer ist als diese, die in den Mythen der Völker wie in den Zaubermärchen lebt: die Liebe sei das Vermögen, das Wesen der Geliebten wiederzuentdecken in seiner

unvergleichlichen Würde, in seiner unverfälschten Schönheit und in seiner göttlichen Unsterblichkeit? Sie sei die Kraft, das Herz der Geliebten zu betrachten als die eine kristallene Kugel, in der alles Licht der Welt sich sammelt[168] und die ganze Ewigkeit sich spiegelt? Und sie sei die Energie eines Glaubens, der die Angst der Erde besiegt, weil ihre Füße schon mitten in der Zeit hintragen zu dem Gipfel des «gläsernen Berges», zum Schloß der goldenen Sonne, zur sicheren Gewißheit eines ewigen Glücks? Um ewig bei Gott zu sein, bedürfen wir liebend einander, und ewig wird Gott die Kraft sein, die uns miteinander verbindet.

Anmerkungen

[1] Vgl. W. SCHERF: Lexikon der Zaubermärchen, Stuttgart 1982, S. XI: «Zaubermärchen sind im wesentlichen zweigliedrige Erzählungen, in deren erstem Teil sich die Hauptgestalten als Heranwachsende von ihren Eltern lösen, um ihren eigenen Weg zu gehen. Die erste Partnerbindung, die sie auf ihrem Weg zu sich selbst erleben, zerbricht jedoch wieder an ihrer Unreife; es bedarf eines außerordentlichen Einsatzes, Thema des zweiten Teiles, um sich endlich doch als verläßlicher Partner zu erweisen und die Bindung für ein Leben tragfähig zu machen. – Diese Erzählungen heißen mit Recht Zaubermärchen, weil sie wie in einem Traum oder Tagtraum zauberisch Irreales mit Realem verbinden und sich niemals über Sprünge und scheinbar Ungereimtes wundern.» Vgl. E. DREWERMANN: Tiefenpsychologie und Exegese, 1. Bd.: Die Wahrheit der Formen. Traum, Mythos, Märchen, Sage und Legende, Olten 1984, S. 141–146.

[2] Vermutlich liegt die Unbekanntheit mancher Zaubermärchen in dem falschen Vorurteil begründet, Märchen seien Erzählungen für Kinder. Zahlreiche Märchen schildern ganz im Gegenteil die Probleme beim Eintritt ins Erwachsenenleben und sollten von Erwachsenen gelesen werden.

[3] Vgl. H. FINDEISEN – H. GEHRTS: Die Schamanen. Jagdhelfer und Ratgeber, Seelenfahrer, Künder und Heiler, Köln 1983, 26–46, wo die Vorstellung von den «Tiermüttern» und den tiergestaltigen Hilfsgeistern im Schamanentum mit dem «altmenschlich-jägerischen Tiererlebnis» in Verbindung gebracht wird. – Zu den Flugreisen zum «Sonnentor» vgl. J. HALIFAX: Shaman – The wounded Healer, London 1982; dt.: Schamanen. Zauberer, Medizinmänner, Heiler, übers. v. U. Richter, Frankfurt 1983, 23–26; 86–87; 90–91. Vgl. M. ELIADE: Mythes, Rêves et Mystères, Paris; dt.: Mythen, Träume und Mysterien, übers. v. M. Benedikt u. M. Vereno, Salzburg 1961, 144–159 (der magische Flug).

[4] Vgl. die sehr differenzierte Untersuchung bei H. MEYER: Der Mensch und das Tier. Anthropologische und kultursoziologische Aspekte, München 1975, 104–147. E. DREWERMANN: Der tödliche Fortschritt. Von der Zerstörung der Erde und des Menschen im Erbe des Christentums, Regensburg³ (erw.) 1983, 90–110. – Die Tierverwandlung spielt eine große Rolle vor allem in der altägyptischen Eschatologie; vgl. E. HORNUNG: Das Totenbuch der Ägypter, Zürich-München 1979, S. 156–157; 170–178, Spruch 76; 77; 78; 83; 84; 85; 86; 87; 88.

[5] Zu dieser participation mystique vgl. L. LÉVY-BRÜHL: Les fonctions mentales dans les sociétés inférieures, Paris 1912; dt.: Das Denken der Naturvölker, übers. u. eingel. v. W. Jerusalem, Wien-Leipzig 1921, 51–82.

[6] J. ILLIES: Anthropologie des Tieres. Entwurf einer anderen Zoologie (1973), München (dtv 1271) 1977, 130 fragt zu Recht mit Bezug zur Symbolik der Schlangen und Drachenungeheuer: «Gibt es überhaupt Zonen jenseits der realen Wirklichkeit des Physischen, des Materiellen, der Anthropologie und der Zoologie?» – Die in den Märchen so oft erwähnte Tierverwandlung hat ihre religionsgeschichtliche Parallele im Nagualismus, in der mystischen Schicksalsgemeinschaft von Mensch und Tier. Das Wort Nagual selbst entstammt dem Aztekischen naualli = «etwas Verborgenes, Verhülltes» und ist verwandt mit Tonal, von Aztekisch tonalli = «jemandes Schicksal, Seele». Eng verbunden ist mit dem Nagual die Vorstellung vom alter ego. W. HIRSCHBERG (Hrsg.): Wörterbuch der Völkerkunde, Stuttgart 1965, 308.

[7] Zu den Klassifikationssystemen mittels Tier- und Pflanzennamen vgl. C. LÉVI-STRAUSS: La pensée sauvage, Paris 1962; dt.: Das wilde Denken, übers. v. H. Naumann, Frankfurt 1968, 237 ff. Nach Lévi-Strauss ist der «Totemismus» kein Phänomen sui generis, sondern ein besonderer Fall im allgemeinen Rahmen der Beziehungen zwischen dem Menschen zu den Elementen seines natürlichen Milieus». DERS.: Le Totémisme aujourd'hui, Paris 1962; dt.: Das Ende des Totemismus, übers. v. H. Naumann, Frankfurt (sv 128) 1965, 43.

[8] Vgl. R. DITHMAR: Die Fabel. Geschichte, Struktur, Didaktik, Paderborn 1974, 62–66.

[9] E. ZOLA: La Bête humaine, Paris 1890, in: Les Rougon-Macquart, Bd. 17; dt.: Das Tier im Menschen, übers. v. G. Krüger, München 1977.

[10] H. HESSE: Der Steppenwolf, Montagnola 1955; Frankfurt (sv 226) 1971.

[11] Vgl. W. MÜLLER: Indianische Welterfahrung, Stuttgart 1976, 6–14, der das indianische «pathozentrische» Denken der Naturfremdheit der europäischen Begriffswelt gegenüberstellt.

[12] Vgl. z. B. W. STEKEL: Die Sprache des Traumes. Eine Darstellung des Traumes in ihren Beziehungen zur kranken und gesunden Seele für Ärzte und Psychologen, München ³1927, 102–121. Vgl. S. FREUD: Die Traumdeutung (1900–1901), Werke II–III, London ¹1942, 362; 414.

[13] Das ursprüngliche Mitgefühl und Interesse eines jeden Kindes gegenüber den Tieren wird auf dem Wege zum Erwachsenenalter z. T. durch neurotische Ängste vor bestimmten Tieren ersetzt, indem die Tiere sich in symbolische Phobieauslöser verwandeln, z. T. aber auch durch die grausame Lehre verdrängt, daß man Tiere als «Nahrungsmittel» zu «halten», zu töten und mit Appetit zu verzehren hat. Vgl. E. DREWERMANN: Der tödliche Fortschritt (s. o. Anm. 4), 90–110. Der Schock, den Kinder regelmäßig erleiden, wenn man ihnen die häuslichen Spielgefährten in roher Brutalität als totes Festmahl serviert, wird sehr eindrucksvoll in der berühmten Szene des Films «Gone with the Wind» (Vom Winde verweht) von V. FLEMING (1939) in der Szene von dem geschlachteten Truthahn gezeigt, freilich auch dort nur, um sich über den kindlichen Unverstand lustig zu machen, der weint, wenn ein Tier getötet wird – die Zeit des Bürgerkrieges wird im weiteren Fortgang der Handlung schon bald noch ganz andere Formen des Tötens zur stolzen Pflicht erheben.

[14] I. A. OTTO: Der Traum als religiöse Erfahrung, untersucht und dargestellt am Beispiel der Irokesen, Wiesbaden 1982, 135–143.

[15] So in der ägyptischen Vorstellung von dem seelengeleitenden schakalköpfigen Gott Anubis, der in etwa

dem «Fuchs» in dem Grimmschen Märchen vom «Goldenen Vogel» entspricht. Vgl. E. DREWERMANN – I. NEUHAUS: Der goldene Vogel, Olten 1982, Anm. 23–26. Vgl. H. KEES: Totenglauben und Jenseitsvorstellungen der Alten Ägypter, Berlin ³1977, 25.

16 S. o. Anm. 5.

17 Bes. M. HEIDEGGER: Sein und Zeit (1926), Tübingen ¹⁰1963, 326 erklärte «die ‹Zeit› des vulgären Zeitverstehens» als «ein abkünftiges» Verstehen der Existentialität der Zeit. Er griff damit Gedanken auf, die H. BERGSON: Essai sur les données immédiates de la conscience, Paris 1889 (dt.: Zeit und Freiheit, 1911) bereits geäußert hatte. Zu dem Zeitbegriff der modernen Physik vgl. L. DE BROGLIE: Die Anschauungen der modernen Physik und die Bergsonschen Begriffe der Zeit und der Bewegung, in: Licht und Materie. Beiträge zur Physik der Gegenwart, ausgew. v. G. Eder, übers. v. R. Tüngel u. R. Gillischewski, Frankfurt-Hamburg (Fischer Tb. 226) 1958, 166–181.

18 Von einem eigentlichen «Wunschhut» Odins kann man nur unter der Hypothese sprechen, daß man seine Gestalt mit älteren schamanistischen Vorstellungen in Verbindung setzt. Odin (Wotan) gilt in der germanischen Mythologie als «Wanderer, vom blauen Mantel umkleidet», der «einen großen Schlapphut, tief in die Stirn gezogen,» trägt, «um seine Einäugigkeit zu verbergen». Er reitet «auch auf seinem achtfüßigen Grauschimmel Sleipnir in schaurigen Sturmnächten». E. NACK: Germanien. Länder und Völker der Germanen, Wien-Heidelberg 1958, 111. Es könnte sein, daß der achtfüßige Sleipnir die vier Himmelsgegenden symbolisiert, der blaue Mantel das Himmelszelt, die Einäugigkeit den Verlust des Mondes, und daß das Wandern Odins die Bewegungen des (solaren) Himmelsgottes am Firmament darstellt; sein «Hut» könnte dann, wie im Märchen von der «Kristallkugel», das rechte Mittel darstellen, um sich auf den «gläsernen Berg», die Himmelskuppel, zu versetzen. – Parallelen zu einer solchen magischen «Himmelsreise» enthalten die Grimmschen Märchen: Die Rabe (KHM 93) und Der Trommler (KHM 193). Vgl. auch B. SCHULZ (Hrsg.): Märchen aus Niedersachsen, Frankfurt (Fischer Tb. 2822) 1979, 38–42 («Der Mann ohne Leib», wo der Kampf mit dem Riesenungeheuer sowie die Tierverwandlungen als Zauberfähigkeiten geschildert werden), und S. 60–66 («Die Rabe», wo der Glasberg, die Riesen u. a. erwähnt werden).

19 Zum Symbol des Schlosses vgl. E. DREWERMANN – I. NEUHAUS: Der goldene Vogel, Olten 1982, S. 61, Anm. 36. Das «goldene Schloß» auf dem «gläsernen Berg» erinnert an die alte Vorstellung der Ägypter von dem «Lichtberg der Sonne», als welchen der Pharao Echnaton seine Stadt Achet-Aton, «Lichtberg der Sonnenscheibe», errichtete. Vgl. E. DONDELINGER: Der Jenseitsweg der Nofretari. Bilder aus dem Grab einer ägyptischen Königin, Graz ²1977, 20. – Zu dem Motiv von der Befreiung einer verwunschenen Jungfrau vom goldenen Berg vgl. KHM 92: Der König vom goldenen Berge. Vgl. E. SIECKE: Drachenkämpfe. Untersuchungen zur indogermanischen Sagenkunde, Leipzig 1907, 110 mit weiteren Beispielen.

20 Vgl. C. SAGAN: Cosmos, New York 1980; dt.: Unser Kosmos. Eine Reise durch das Weltall, übers. v. S. Summerer u. G. Kurz, München 1982, 271: «So ist für ihn (sc. den Hinduismus, d. V.) das Universum… nur eines Gottes Traum, der nach hundert Brahmajahren in traumlosen Schlaf übergeht, mit dem sich auch das Universum auflöst – bis sich der Gott nach einem weiteren Brahmajahrhundert rührt, wieder zu sich kommt und den großen kosmischen Traum aufs neue zu träumen beginnt.» – Ähnlich skeptisch dachten die Azteken von den Welterscheinungen:

«Wir sind nicht auf Erden, um zu leben.
Wir sind gekommen, um zu schlafen,
Nur um zu träumen.
Unser Leib ist eine Blume,
Wie das Gras im Frühling ergrünt,
So öffnen sich unsere Herzen und treiben Knospen,
Um zu blühen und dann zu verwelken.»

(Zit. nach: W. MÜLLER: Indianische Welterfahrung, Stuttgart 1976, 12).

21 Vgl. L. BALDASS: Hieronymus Bosch, unter Mitarbeit von G. Heinz, Wien-München ³(erw.) 1968.

22 Vgl. K. ROBERTS: Bruegel, Herrsching (Pawlak-Verl.) o. J.; W. STECHOW: Pieter Bruegel, Ohio 1969; dt.: Bruegel, übers. v. H. Frank, Köln 1974, 10; 39–43.

23 Vgl. E. DREWERMANN: Tiefenpsychologie und Exegese, 1. Bd. (s. o. Anm. 1), S. 72–78.

24 So ST. ZWEIG: Drei Meister (Fischer Tb. 192), 1958, 126–129 über die Menschen DOSTOJEWSKIS: «etwas von Gestalten aus Träumen haftet ihnen an, und ihr Schritt geht im Raumlosen wie der von Schatten. Damit sei nicht gesagt, daß sie irgendwie unwahr wären. Im Gegenteil: sie sind überwahr… seine Menschen sind nicht plastisch, sondern sublim gesehen und durchfühlt, weil sie einzig aus Seele gestaltet sind und nicht aus Körperlichkeit… Auf den zwanzigtausend Seiten seines Werkes ist nie geschildert, daß einer seiner Menschen sitzt, daß er ißt, daß er trinkt, immer fühlen, sprechen oder kämpfen sie nur. Sie schlafen nicht (es sei denn, daß sie hellseherisch träumen), sie ruhen nicht, immer sind sie im Fieber, immer denken sie. Nie sind sie vegetativ, pflanzlich, tierisch, stumpf, immer nur bewegt, erregt, gespannt und immer, immer wach. Wach und sogar überwach. Immer im Superlativ ihres Seins… alle sind sie Hellseher, Telepathen, Halluzinanten… und alle durchtränkt bis in die letzten Tiefen ihres Wesens von psychologischer Wissenschaft… Die Menschen Dostojewskis… kennen kein Mißverstehen. Jeder ahnt immer prophetisch den anderen, sie verstehen einander restlos bis in die letzten Tiefen, sie saugen sich das Wort aus dem Munde, noch ehe es gesagt ist… Seine (sc. Dostojewskis, d. V.) Welt ist vielleicht die vollkommenste Halluzination der Welt, ein tiefer und prophetischer Traum von der Seele, ein Traum, der die Wirklichkeit noch überflügelt: aber Realismus, der über sich hinaus ins Phantastische reicht. Der Überrealist Dostojewski, der Überschreiter aller Grenzen, er hat die Wirklichkeit nicht geschildert: er hat sie über sich selbst hinaus gesteigert.»

25 Diese Beziehung des Märchens zum Roman ist gegeben, wenn z. B. M. LÜTHI: Das europäische Volksmärchen. Form und Wesen, München ⁴(erw.) 1974, 77 zu Recht definiert: «Das Märchen ist eine welthaltige Abenteuererzählung von raffender, sublimierter Stilgestalt.»

26 So der Titel von J. HALIFAX: Schamanen (s. o. Anm. 3), 17–21. Zum Zusammenhang von Krankheit und Schamanenberufung vgl. M. ELIADE: Mythen, Träume und Mysterien (s. o. Anm. 3), 111–116.

27 KHM 60.

28 KHM 124.

29 Vgl. Der goldene Vogel (KHM 57); Das Wasser des Lebens (KHM 97) u. a. Das Problem besteht in diesen Märchen fast immer in dem Hochmut der Icheinstellung; im Märchen von der «Kristallkugel» hingegen ist das Problem die Zerrissenheit selbst bzw. die Kleinheit des Ichs zwischen den übermächtigen «Tier»-Anteilen der Psyche.

30 Zur Technik der «subjektalen Deutung» vgl. E. DREWERMANN: Tiefenpsychologie und Exegese, 1. Bd. (s. o. Anm. 1), S. 156–168; 172–178; 195–200.

31 Vgl. C. G. JUNG: Versuch einer psychologischen Deutung des Trinitätsdogmas (1942), in: Ges. Werke XI, Olten-Freiburg 1963, 119–218, S. 179–204.

32 C. G. JUNG: Psychologische Typologie (1928; 1936), in: Ges. Werke VI, Olten-Freiburg 1960, 568–601, S. 599–600.

33 E. DREWERMANN – I. NEUHAUS: Der goldene Vogel, Olten 1982, 38.

34 Vgl. E. DREWERMANN – I. NEUHAUS: Schneeweißchen und Rosenrot, Olten 1983, 39–40; vgl. D. LAUENSTEIN: Das Geheimnis des Wals. Melvilles Moby Dick und das Alte Testament, Stuttgart 1973, 86–88, der auf die Gestalt des unterirdischen bzw. im Berg gefangenen Königs in Mythos und Sage hinweist;

vgl. E. DREWERMANN: Strukturen des Bösen. Die jahwistische Urgeschichte in exegetischer, psychoanalytischer und philosophischer Sicht, 3 Bde., Paderborn ³ 1982, 2. Bd., 132; 367; 403; 419.

[35] E. DREWERMANN: Strukturen des Bösen, (s. o. Anm. 34), 2. Bd., 35; 131; C. G. JUNG: Symbole der Wandlung. Analyse eines Vorspiels zu einer Schizophrenie (1952; Neubearbeitung von: Wandlungen und Symbole der Libido, 1912); Ges. Werke V, Olten-Freiburg 1973, 551–552.

[36] Vgl. z. B. das Adler-Symbol in «Schneeweißchen und Rosenrot» (KHM 161), E. DREWERMANN – I. NEUHAUS: Schneeweißchen und Rosenrot, Olten 1983, 40–42.

[37] L. KLAGES: Der Geist als Widersacher der Seele, 3 Bde., 1929–1932, in: L. KLAGES: Sämtliche Werke, hrsg. v. E. Frauchiger, G. Funke. K. J. Groffmann, R. Heiss u. H. Eggert Schröder, Bd. 1–3, Bonn 1969–1974.

[38] Zur Darstellung *Hegels* vgl. E. DREWERMANN: Strukturen des Bösen (s. o. Anm. 34), 3. Bd., 64–96.

[39] F. M. DOSTOJEWSKI: Bratja Karamazovy (1880); dt.: Die Brüder Karamasoff, übers. v. K. Noetzel, München (GGTb. 478–479; 480–481) 1958, 293.

[40] A. a. O., 293.

[41] A. a. O., 285.

[42] A. a. O., 286.

[43] A. a. O., 286.

[44] A. a. O., 284.

[45] A. a. O., 285.

[46] Insofern ist der Mythos vom Meerungeheuer am Anfang der Schöpfung verständlich; vgl. die Zusammenstellung von CH. DORIA: Der Delphin-Reiter, in: J. McIntyre (Ed): Mind in the Waters. A Book to Celebrate the Consciousness of Whales and Dolphins, 1974; dt.: Der Geist in den Wassern. Ein Buch zu Ehren des Bewußtseins der Wale und Delphine, übers. v. R. Kaiser, Frankfurt 1982, 31–51.

[47] Bes. für F. E. D. SCHLEIERMACHER: Über die Religion. Reden an die Gebildeten unter ihren Verächtern (1799), mit einem Nachwort von C. H. Ratschow, Stuttgart (reclam 8313) 1969 basierte die gesamte Religion in diesem Gefühl einer unendlichen Weite, einer Einheit mit dem Ewigen.

[48] Vgl. W. SCHADEWALDT: Griechische Sternsagen, Frankfurt (Fischer Tb. 129) 1956, 29–45.

[49] *Das Symbol von Fisch und Vogel* ist bereits im *Paläolithikum* als Zeichen der Fruchtbarkeit und der Wiedergeburt belegt; vgl. M. RAPHAEL: Wiedergeburtsmagie in der Altsteinzeit. Zur Geschichte der Religion und religiöser Symbole, hrsg. v. Sh. Chesney und I. Hirschfeld, Frankfurt (Fischer Tb. 3600) 1979, 166 ff. In späterer Zeit verweist *das Symbol des Vogels* gern auf die Sonne, – so bereits der Tonwagen von *Dupljaja* in Jugoslawien um 1400–1300 v. Chr., der, mit Sonnenzeichen versehen, eine plastische Vogelfigur und zwei Vogelprotomen zeigt; vgl. H. MÜLLER KARPE: Das vorgeschichtliche Europa (1968), Baden-Baden 1979, Abb. 77, S. 106. *Das Symbol des Fischmenschen* taucht in Gestalt von fischartigen Figuren auf, die vorne die Gestalt eines Menschen haben; a. a. O., Abb. 98, S. 147, entsprechend weiblicherseits den *Nereiden* der orphischen Mythologie (vgl. J. O. PLASSMANN: Orpheus. Altgriechische Mysterien, Neudruck mit Nachw. v. F. Graf, Köln 1982, 55–56) bzw. den *Nixen* und Meerjungfrauen der Märchen. «Dabei erinnern wir uns an die mythischen Oannes, den babylonischen Fischmenschen, von dem Berossos berichtet, er sei in der Urzeit aus dem Wasser gestiegen und habe den Menschen erstmalig die Kultur gebracht.» (A. a. O., 151) Ganz im Sinne der heutigen Biologie erklärte schon ANAXIMANDROS AUS MILET um 570 v. Chr., die Erde sei ursprünglich ganz von Wasser bedeckt gewesen, ehe sie zum Teil von der Sonne weggetrocknet wurde. «Die Lebewesen sind im Meer entstanden. Der Mensch hat zuerst Fischgestalt gehabt.» H. DIELS: Die Fragmente der Vorsokratiker, nach der von W. Kranz hrsg. 8. Aufl., eingef. v. G. Plambböck, Hamburg (rde 10) 1957, 13–14. Vor allem in der *Orphik* wirkt die Lehre von der *Entstehung des Lebens aus dem Meer* fort, wie sie HESIOD: Theogonie 240 ff. (W. MARG: Hesiod: Sämtliche Gedichte, Stuttgart 1970, 40 ff.) wiedergibt. Die *Vogelverwandlung* hat ARISTOPHANES um 400 v. Chr. zum Gegenstand seiner berühmten Komödie «Die Vögel» gemacht. H. J. NEWIGER (Hrsg.): Aristophanes: Sämtliche Komödien, München (dtv 6066) 1976, 289–359; V 554 ff. (S. 315–316) erwähnt ARISTOPHANES auch die Verwandlung mancher Götter in Vögel und Tiere: V 693 ff. (S. 322–323) erläutert er *die Entstehung der Vögel:* Eros sei dem Urei des Erebos entschlüpft und habe mit dem Chaos, «dem mächtigen Vogel», sich gepaart und die Vögel heraufgeführt; dann erst seien Okeanos, Himmel und Erde und die seligen Götter entstanden. – *Die Zusammenstellung von Vogel und Fisch* als religiösen Zentralsymbolen findet sich bei den *Indianern* der nordwestpazifischen Küste Nordamerikas, deren Mythen F. BOAS: Indianische Sagen von der nord-pacifischen Küste Amerikas. Sonderabdruck aus den Verhandlungen der Berliner Gesellschaft für Anthropologie, Ethnologie und Urgeschichte 1891–1895, Berlin 1895, gesammelt hat; vgl. bes. die Sage der *Tlingit* von dem Raben, der die Sonne und den Mond und die Sterne hervorbringt. «Als es aber Tag wurde und die Menschen einander sahen, liefen sie auseinander. Die einen wurden Fische, die anderen Bären und Wölfe, die dritten Vögel.» (A. a. O., 313) Vgl. W. HABERLAND: Donnervogel und Raubwal. Die indianische Kunst der Nordwestküste Nordamerikas. Katalog der Ausstellung zum 100jährigen Bestehen des Hamburgischen Museums für Völkerkunde, Hamburg 1979, der auführt, daß der Adler (bzw. der Donnervogel) im Glauben der Indianer *ein Auge aus Kristall* besitzt und die Blitze am Himmel hervorruft; er kann sein Federgewand auch ablegen und als Mensch agieren; seine Nahrung bilden die Raubwale, die er auf die Berge entführt (a. a. O., 71–72). Bes. die Verwendung entsprechender *Masken* erlaubte rituell die Verwandlung eines Menschen in einen *Bären* oder Donnervogel (S. 73). *Der Raubwal* gilt dabei als «Meeresbär» (S. 81; 128), und es gibt auch den «Grizzly des Meeres», ein Mischwesen aus Bär und Raubwal (S. 213); auch können sich die Wölfe nach indianischem Glauben in Raubwale verwandeln (S. 115; 118); bekannt ist auch ein Mischwesen, *Wasco,* das den Körper, den Kopf und den Schwanz eines Wolfes, aber Rückenflossen wie ein Raubwal besitzt (S. 115). – Möglicherweise ist die Angst des 3. Sohnes im Märchen von der *Kristallkugel,* speziell in einen *Bären* oder *Wolf* verwandelt zu werden, aus solchen Vorstellungen her zu erklären. – Darüber hinaus ist *das Symbol von Adler und Walfisch* im Grunde identisch mit dem bereits im alten Sumer belegten Bild von *Adler und Schlange,* die freilich meist als Gegner, nicht, wie im Märchen von der *Kristallkugel,* als hilfreiche Antagonisten beschrieben werden. Die Bedeutung aber ist die gleiche: «Solche Vogelwesen vertreten das Firmament, das obere, göttliche, ätherische Reich, genau wie die Schlangen das lebenschenkende, fruchtbarmachende Element der irdischen Gewässer repräsentieren... Der Adler gehört zum Himmelsvater, zum Vater Zeus in der Mythologie der Griechen. Auf der anderen Seite umgeben Schlangen die Göttin Hera, die Gattin des Zeus, die Mutter Hera.» «Der Adler vertritt dieses höhere, spirituelle, von der Bindung an die Materie gelöste Prinzip, das sich in den durchsichtig leuchtenden Äther erhebt und zu seinem Geschlecht und Ursprung, den Sternen, emporsteigt. Auf der anderen Seite ist die Schlange die Lebenskraft in der Sphäre der Lebensmaterie.» H. ZIMMER: Myths and Symbols in Indian Art and Civilization, New York 1946; dt.: Indische Mythen und Symbole, übers. v. E. W. Eschmann, Düsseldorf-Köln 1972, 83–86. *Der Sieg des Adlers über die Schlange,* den die indische Mythologie dem Gott *Vishnu* bzw. seinem adlergestaltigen «Träger» *Garuda* zuschreibt, ist kulturgeschichtlich auch ein Bild für den Sieg des Patriarchalismus über das Matriarchat. Entsprechend erzählten die

Azteken von einem Adler, der auf einem Nopalkaktus (nochtli) auf einem Stein (tetl) eine Schlange fraß und so das Symbol für den Namen und die Gründung der Aztekenhauptstadt *Tenochtitlan* schuf. W. KRICKE-BERG: Altmexikanische Kulturen, Berlin 1975, 63. – Sehr sinnreich läßt F. NIETZSCHE: Also sprach Zarathustra. Ein Buch für alle und keinen (1883–1885), München (GGTb. 403) 1960, S. 20 (1. Teil, Zarathustras Vorrede, 10) seinen Propheten einer weniger triebfeindlichen Menschlichkeit mit den Hilfstieren *Adler und Schlange* auftreten: «Und siehe! Ein Adler zog in weiten Kreisen durch die Luft, und an ihm hing eine Schlange, nicht einer Beute gleich, sondern einer Freundin: denn sie hielt sich um seinen Hals geringelt.»

[50] Vgl. F. CRAWFORD BURKITT: Die Auffassung von dem Bösen Prinzip im manichäischen System und von seiner Übereinstimmung mit dem Christentum (1925), in: G. Widengren (Hrsg.): Der Manichäismus, Darmstadt (Wege der Forschung, Bd. 168) 1977, 31–36; ins Deutsche übers. v. R. Schmitt; der *manichäische Dualismus* fußt ganz und gar in den älteren Lehren des *Zarathustra* sowie gewissen *buddhistischen* Vorstellungen, die auch das Christentum stark beeinflußt haben; vgl. J. DUCHESNE-GUILLEMIN: Zoroaster und das Abendland, in: B. Schlerath (Hrsg.): Zarathustra, Darmstadt (Wege der Forschung, Bd. 169) 1970, 217–252, ins Deutsche übers. v. U. Weisser, bes. S. 242–246.

[51] F. M. DOSTOJEWSKI: Die Brüder Karamasoff (s. o. Anm. 39), 137.

[52] A. a. O., 197.

[53] A. a. O., 528.

[54] Vgl. E. DREWERMANN – I. NEUHAUS: Der goldene Vogel, Olten 1982, 38–39.

[55] F. M. DOSTOJEWSKI: Die Brüder Karamasoff, 370.

[56] A. a. O., 399–400.

[57] A. DIERICK: Kirchenfenster von Chartres, aus dem Niederländischen übers. v. B. Pulver, Bern-Stuttgart (Orbis Pictus 24) o. J., Tafel XV: «Es ist kennzeichnend für die Kirchenbilder aus dem 13. Jahrhundert, daß das Bild eines Heiligen oder eines Helden des Alten Bundes nicht selten die Darstellung eines Kirchenverfolgers oder Sünders zum Fußstück hat.» «Auf diese Weise versteht man auch die Zusammenstellung der Spitzbogenfenster unter der ‹Rose de France›. Unter der großen Gestalt König Davids… finden wir Saul, der ihm nach dem Leben trachtete…»

[58] Vgl. E. DREWERMANN: Der Krieg und das Christentum. Von der Ohnmacht und Notwendigkeit des Religiösen, Regensburg 1982, 232–251.

[59] Vgl. K. STERN: Flucht vor dem Weib – zur Pathologie des Zeitgeistes, Salzburg 1968, analysiert die angstbeladene ambivalente Einstellung zur Frau u. a. bei Descartes, Schopenhauer, Sartre, Tolstoj und Kierkegaard.

[60] Vgl. H. u. G. BÖHME: Das Andere der Vernunft. Zur Entwicklung von Rationalitätskonflikten am Beispiel Kants, Frankfurt 1983, die den Prozeß der Naturentfremdung im Werk und Leben Kants nachweisen und vor allem die Verwandlung des «Körpers» zu einem Gegenstand der Physik belegen. Die Furcht vor der «Sinnlichkeit» ist natürlich wesentlich eine Furcht vor der Frau.

[61] Vgl. die Betrachtungen, die A. SCHOPENHAUER: Parerga und Paralipomena, 2. Bd., Sämtliche Werke VI, Wiesbaden 1947, Kap. 27, § 362–371, S. 650–663 «Über die Weiber» anstellt.

[62] Vgl. P. P. ROHDE: S. Kierkegaard in Selbstzeugnissen und Bilddokumenten, aus dem Dänischen übers. v. Th. Dohrenburg, Hamburg (rm 28) 1959, 45–61 (zu der unglückseligen Liebe Kierkegaards zu R. Olsen und deren Hintergründen).

[63] Vgl. I. FRENZEL: F. Nietzsche in Selbstzeugnissen und Bilddokumenten, Hamburg (rm 115) 1966, 100–106 (zur Beziehung Nietzsches zu Lou A. Salomé).

[64] Zu J. P. SARTRES Einstellung zu «Liebe» als einer illusionären Spielart des «Sadomasochismus» der «Intersubjektivität» vgl. E. DREWERMANN: Strukturen des Bösen (s. o. Anm. 34), 3. Bd., 209–213; 253–278.

[65] Sehr deutlich ist diese Angst z. B. bei A. DE SAINT-EXUPÉRY in der Gestalt des «kleinen Prinzen»; vgl. E. DREWERMANN – I. NEUHAUS: Das Eigentliche ist unsichtbar. Der kleine Prinz tiefenpsychologisch gedeutet, Freiburg-Basel-Wien 1984, 65–76; 83–94.

[66] Vgl. E. DREWERMANN: Die Frage nach Maria im religionswissenschaftlichen Horizont. Die scheinbare «Grundlosigkeit» der Mariologie, in: Zeitschrift für Missionswissenschaft und Religionswissenschaft, 66. Jg., April 1982, Heft 2, 96–117.

[67] Vgl. zur Kritik an der Einseitigkeit des «Patriarchalismus» E. DREWERMANN: Der Krieg und das Christentum, (s. o. Anm. 58), 242–251.

[68] Schon S. FREUD: Hemmung, Symptom und Angst (1926), in: Ges. Werke XIV, London 1948, 111–205, S. 149 beschrieb die «negative Magie» in der Zwangsneurose in den Abwehrmechanismen des Ungeschehenmachens und des Isolierens von Vorstellung und Affekt. Die *magische Tötung* verdrängt mit der aggressiven Handlung auch den eigentlichen Triebwunsch und präsentiert der Vorstellung nur noch das Ergebnis des ursprünglich Gemeinten, freilich auch dies zumeist unter Verdrängung oder Gegenbesetzung des Affektes: Angst statt Erleichterung!

[69] Vgl. J. LAVRIN: Fjodor M. Dostojewskij in Selbstzeugnissen und Bilddokumenten, aus dem Engl. übers. v. R.-D. Keil, Hamburg (rm 88) 1963, 8–9. – Offensichtlich ins bedingungslos Positive «frisiert» ist das Bild, das der verdiente Übersetzer und liebevolle Interpret K. NÖTZEL: Das Leben Dostojewskis (1925), Neudruck: Osnabrück 1967, 16–17; 24–25 von der «äußerst glücklichen» Kindheit Dostojewskis malt. Die Wahrheit ist, daß Dostojewskis Vater seine Leibeigenen so brutal behandelte, «daß er 1839 von ihnen auf grausamste Weise erschlagen wurde.» (LAVRIN: a. a. O., 9).

[70] F. M. DOSTOJEWSKI: Die Brüder Karamasoff, 215.

[71] A. a. O., 215.

[72] Vgl. E. DREWERMANN: Der Krieg und das Christentum (s. o. Anm. 58), 126. Anm. 24.

[73] Vgl. G. REY: Das Mutterbild des Priesters. Zur Psychologie des Priesterberufes, Zürich-Einsiedeln-Köln 1969, 114–116 meint, die Bedingung der Priester-Berufswahl liege darin, daß der Vater vor dem Hintergrund der mütterlichen Frömmigkeit als «unpassend» erscheine und der Priester als Vaterersatz gesucht werde. Das ist richtig, aber sehr schwach ausgedrückt, um die Gefühle der Enttäuschung, des ödipalen Hasses, der antithetischen Idealbildung u. a. auf dem Weg der Priester-«Berufung» wiederzugeben.

[74] Vgl. S. FREUD: Bemerkungen über die Übertragungsliebe (1915), in: Ges. Werke X, London 1946, 305–321, S. 318 meinte z. B. von der Übertragungsliebe, sie sei «unkluger, unbekümmerter um ihre Konsequenzen, verblendeter in der Schätzung der geliebten Person, als wir einer normalen Verliebtheit gerne zugestehen wollen».

[75] Zur Dynamik der *Übertragungsliebe* vgl. E. DREWERMANN: Ehe – tiefenpsychologische Erkenntnisse für Dogmatik und Moraltheologie (1980), in: Psychoanalyse und Moraltheologie, 3 Bde., Mainz 1982–1984, Bd. 2: Wege und Umwege der Liebe, 38–76, S. 43–59.

[76] Insofern genügt es nicht, die Psychogenese eines Menschen sich lerntheoretisch im Sinne des bloßen Reiz-Reflex-Schemas als Herausbildung «bedingter Reflexe» vorzustellen. Wenn J. WOLPE: The Practice of Behavior Therapy, London 1969, dt.: Praxis der Verhaltenstherapie, übers. v. U. Allinger u. K. L. Holtz, Bern-Stuttgart-Wien 1972, 29 von der Neurose sagt, sie stelle «dauerhafte, unangepaßte, gelernte Reaktionsgewohnheiten» dar, so wird damit lediglich das PAWLOWSCHE Konzept des «Lernens» auf die Psychopathologie übertragen (S. 18–19), der Eigenanteil, die subjektive «Bedeutungsverleihung» (J. V. UEXKÜLL) aller Gegebenheiten aber methodisch vollkommen vernachlässigt bzw. ganz geleugnet.

[77] Vgl. C. G. JUNG: Die psychologischen Aspekte des Mutterarchetypus (1939), in: Ges. Werke IX, 1. Teil, Olten-Freiburg 1976, 89–123.

[78] Zum *anima-Begriff* in der Psychologie C. G. JUNGS vgl. E. DREWERMANN: Strukturen des Bösen (a. o. Anm. 34), 2. Bd.² (erw.) 1980, 50–51.

[79] C. G. JUNG: Die Beziehungen zwischen dem Ich und dem Unbewußten (1928), in: Ges. Werke VII, Olten-Freiburg 1964, 131–264, S. 224 meinte zu Recht von der Gefahr einer jeden Auseinandersetzung mit der *anima*: «Es ist keine kleine Sache, zwischen einer Tagwelt von erschütterten Idealen und unglaubhaft gewordenen Werten und einer Nachtwelt von anscheinend sinnloser Phantastik zu stehen.» Unbedingt bedürfe es der Führung religiöser Bilder, um diese Auseinandersetzung zu bestehen.

[80] Vgl. E. BERNE: What do you say after you say Hello?, Beverly Hills 1972; dt.: Was sagen Sie, nachdem Sie «Guten Tag» gesagt haben? Psychologie des menschlichen Verhaltens, übers. v. W. Wagemuth, München (Kindler TB. 2192) 1975, 290–291.

[81] Zu den Varianten der Partnerwahl vgl. die ausgezeichneten Darlegungen bei J. G. LEMAIRE: Le couple: sa vie, sa mort. La structuration du couple humain, Paris 1979; dt.: Leben als Paar. Strukturen, Krisen, therapeutische Hilfen, übers. v. W. Wydler, Olten 1980, 53–67, der vor allem den Zusammenhang der Partnerwahl mit dem Abwehrsystem des Ichs hervorhebt. «Die persönlichen Eigenschaften des Partners sind dazu ausersehen, jene Abwehrmechanismen zu verstärken, die den Weg für die Partialtriebe… versperren müssen.» (A. a. O., 66) Daneben aber – bzw. Hand in Hand damit! – wird oft genug am anderen gerade das geliebt, was in der eigenen Psyche verdrängt geblieben ist und durch die Abwehr dem Bewußtsein dauerhaft entzogen wurde. Vgl. E. DREWERMANN: Ehe (s. o. Anm. 75), 52–61.

[82] Sinngemäß sehr treffend hat K. GIBRAN: The Prophet, New York 1972, dt.: Der Prophet. Wegweiser zu einem sinnvollen Leben, übers. v. C. Malignon, Olten-Freiburg ¹³1981, 16–17 diese Wahrheit mit den Worten formuliert: «Eure Kinder sind nicht *eure* Kinder. / Es sind die Söhne und Töchter von des Lebens Verlangen nach sich selber. / Sie kommen durch euch, doch nicht *von* euch, / Und sind sie auch bei euch, so gehören sie euch doch nicht. / Ihr dürft ihnen eure Liebe geben, doch nicht eure Gedanken, / Denn sie haben ihre eigenen Gedanken. / Ihr dürft ihren Leib behausen, doch nicht ihre Seele, / Denn ihre Seele wohnt im Hause von Morgen, das ihr nicht zu betreten vermöget, selbst nicht in euren Träumen.»

[83] Vgl. H. KEES: Der Götterglaube im Alten Ägypten, Leipzig 1956; Neudruck: Darmstadt ⁴1980, 438–439. Die Vorstellung bezieht sich freilich nur auf die Zeugung des göttlichen Kindes, des Pharao; das Bild selbst aber besitzt als Poesie menschlicher Liebe und Wertschätzung an sich eine universelle Geltung, ganz so, wie die ägyptische Lehre von der Unsterblichkeit, die zunächst nur die Sonnennatur des Pharao betraf, etwas Gültiges auch über die ewige Natur und Berufung eines jeden Menschen auszusagen vermag.

[84] Zur Vorstellung von der *Ka-Seele* vgl. H. KEES: Totenglauben (s. o. Anm. 15), 44–53. *Ka* ist für den Ägypter alles, was lebendig ist und lebendig hält; personifiziert ist der *Ka* der Totengeleiter ins Jenseits.

[85] A. a. O., 36–43.

[86] Vgl. E. DREWERMANN – I. NEUHAUS: Der goldene Vogel, Olten 1982, 60, Anm. 13.

[87] Die *Osirismythe* des PLUTARCH ist wiedergegeben bei G. ROEDER: Urkunden zur Religion des Alten Ägypten, Jena 1914; Neudruck: Düsseldorf-Köln 1978, 15–21; vgl. E. BRUNNER-TRAUT: Altägyptische Märchen, Düsseldorf-Köln 1963, 92–93. – Eine vergleichbare hinduistische Mythe erzählt von der Göttin *Kali*, der dunklen Gemahlin *Shivas;* vgl. H. Zimmer: Indische Mythen und Symbole (s. o. Anm. 49), 239: «Die Göttin ist der weibliche Partner des Zwei-in-Einem, die treue Gattin, das ideale Eheweib der Hindumythologie… Und doch tritt sie auf den leblosen Leib ihres Geliebten und einzigen Gefährten. Schwarz wie der Tod streckt sie die Zunge aus, um die Welt aufzulecken; ihre Zähne sind grausige Hauer. Aber ihr Leib ist geschmeidig und wunderschön und ihre Brüste sind prall von Milch.» In dieser Ambivalenz bedeutet sie für ihren Gemahl Shiva nicht nur den Tod, sondern auch das Leben, denn ohne seine Geliebte, seine Shakti, wäre Shiva nur ein *Shava,* ein Leichnam.

[88] Zur Begründung der Hoffnung auf Unsterblichkeit in der Erfahrung von Liebe und Freundschaft vgl. G. MARCEL: Entwurf einer Phänomenologie und einer Metaphysik der Hoffnung, in: Philosophie der Hoffnung. Die Überwindung des Nihilismus, übers. v. W. Rüttenauer, Nachw. v. F. Heer, München (List TB. 84) 1964, 71; vgl. E. DREWERMANN – I. NEUHAUS: Das Eigentliche ist unsichtbar (s. o. Anm. 65), 54–58.

[89] Zu der klassischen *Symbolfolge archetypischer Bilder* in vielen Zaubermärchen vgl. E. DREWERMANN: Tiefenpsychologie und Exegese, (s. o. Anm. 1), 187–200.

[90] Vgl. E. DREWERMANN: Strukturen des Bösen, (s. o. Anm. 34), 1. Bd., 398 (Anhang zur 3. Aufl.).

[91] Vgl. C. G. JUNG: Theoretische Überlegungen zum Wesen des Psychischen (1946: Der Geist der Psychologie), in: Ges. Werke VIII, Olten-Freiburg 1967, 187–267, S. 258.

[92] Vgl. Hld 4, 12–16; vgl. S. SCHOTT (Übers.): Altägyptische Liebeslieder, Zürich-München, ²1950, 26, der die seit dem Neuen Reich geläufige Anrede der Ehefrau als «Schwester» mit «Geliebte» wiedergibt; es ist aber kein Zweifel, daß an vielen Stellen der ägyptischen Liebeslieder nicht die Ehefrau, sondern wirklich die «Geliebte» besungen wird.

[93] So diente etwa die ägyptische *Pyramide* u. a. «dem Aufstieg des Königs zum Himmel», entsprechend dem Aufstieg der Sonne am Himmel, den die Pyramide versinnbildete; vgl. E. HORNUNG: Tal der Könige. Die Ruhestätte der Pharaonen, Zürich-München 1982, 34. – Zum *«Glasberg»* als Symbol des Himmels vgl. E. SIECKE: Drachenkämpfe (s. o. Anm. 19), 110.

[94] Vgl. R. M. RILKE: Das Stundenbuch (1905), in: Sämtliche Werke, hrsg. v. Rilke-Archiv, 1. Bd., Frankfurt 1955, 388:
«Sie sagen *mein* und nennen das Besitz,
wenn jedes Ding sich schließt, dem sie sich nahn,
so wie ein abgeschmackter Charlatan
vielleicht die Sonne sein nennt und den Blitz.
So sagen sie: mein Leben, meine Frau,
mein Hund, mein Kind, und wissen doch genau,
daß alles: Leben, Frau und Hund und Kind
fremde Gebilde sind, daran sie blind
mit ihren ausgestreckten Händen stoßen.»
Aber sind wir in der abendländischen Denktradition nicht dazu erzogen, zu sprechen, wie es die Bibel lehrt: «Du sollst nicht begehren nach dem Hause Deines Nächsten: du sollst nicht begehren nach dem Weibe deines Nächsten, nach seinem Sklaven oder seiner Sklavin, nach seinem Rinde oder seinem Esel, nach irgend etwas, was sein ist» (Ex 20,17)?

[95] Es ist nicht ganz falsch, wenn N. u. G. O'NEILL: Open Marriage, New York 1972; dt.: Die offene Ehe. Konzept für einen neuen Typus der Monogamie, übers. v. E. Linke (Bern-München 1972), Hamburg (rororo 6891) 1975, 134 schreiben, *die romantische Liebe* habe sich aus der höfischen Tradition des Mittelalters entwickelt und habe nie die Ehe zum Ziel gehabt. «Troubadours und ihre Damen (einer oder beide immer mit jemand anders verheiratet) beteten sich an, schwärmten miteinander und voneinander und schwelgten in Umarmungen, die nie in der Befriedigung schnöder Triebe gipfelten.» Aber die Not der «bürgerlichen» Ehe liegt wohl nicht (allein) darin begründet, daß sie ein «ritterliches» Ideal der «Eifersucht» aus jener Zeit übernommen hat, sondern daß sie aus Angst vor den «Trieben» und dementsprechend aus Unfähigkeit zur Unendlichkeit von Gefühl, Phantasie und Poesie die «Wirklichkeit» der «Liebe» trivial, grau und geistlos zurückläßt. Unter diesen Umständen müssen die Träumer, die Mär-

chenerzähler, die «Schamanen», die Dichter und Heiligen, müssen all die unendlich Liebenden natürlich entweder als gefährliche Ruhestörer oder als hoffnungslose Phantasten gelten.

[96] Vgl. S. FREUD: Die Traumdeutung (s. o. Anm. 12), 360–361; 365–366, der im *Hut* ein männliches Genitalsymbol erkannte und das Fortfliegen des Hutes für ein Kastrationssymbol hielt. Das Fortfliegen (mit dem Hut) hielt Freud für ein erektives bzw. koitales Symbol; DERS.: Vorlesungen zur Einführung in die Psychoanalyse (1917), Ges. Werke XI, London [1]1944, 156–157. Auf die *Bisexualität der Symbole* hat besonders W. STEKEL: Die Sprache des Traumes (s. o. Anm. 12), S. 58–61 hingewiesen.

[97] Zu den *Flugträumen* vgl. P. FEDERN: Über zwei typische Traumsensationen, in: S. Freud (Hrsg.): Jahrbuch der Psychoanalyse, VI. Bd., Leipzig-Wien 1914, 89–134, S. 128 f. Vgl. W. STEKEL: Die Sprache des Traumes (s. o. Anm. 12), 186–193.

[98] Vgl. C. G. JUNG: Psychologie und Religion (1940), in: Ges. Werke XI, Olten-Freiburg 1963, 1–117, S. 56.

[99] L. BALDASS: Hieronymus Bosch (s. o. Anm. 21), Abb. 19–23; 65–76 (das Original des Triptychons befindet sich in Madrid, Prado).

[100] Vgl. A. BOSMAN: Hieronymus Bosch, übers. aus dem Holländ. v. E. v. Hollander-Lossow, Berlin-München 1962 (Humboldt Kunstreihe 309), Abb. S. 61.

[101] Zu dem *spiralenförmigen Aufbau der Märchen* (und anderer archetypischer Erzählungen) vgl. E. DREWERMANN: Tiefenpsychologie und Exegese (s. o. Anm. 1), S. 187–200.

[102] Vgl. C. G. JUNG: Art. «Selbst», in: Psychologische Typen (1921/1950), in: Ges. Werke VI, Olten [9](revid.) 1971, 512–513.

[103] Vgl. E. MUDRAK: Nordische Götter- und Heldensagen, Reutlingen 1961, 15–17.

[104] Die Mythe läßt sich rekonstruieren nach der *Edda*, 2. Bd.: Götterdichtung und Spruchdichtung, übertr. v. F. GENZMER, eingel. u. mit Anm. vers. v. A. Heusler, Düsseldorf-Köln 1963, 36–37 (5. Der Seherin Gesicht, 14.15). – Der germanischen Vorstellung nach sind die *Riesen* vor den Göttern entstanden und «bevölkern den äußersten Kreis des Eises und Feuers, der Einöden und Felsenwildnisse, das Außenreich *Utgard*.» E. NACK: Germanien (s. o. Anm. 18), 109. Entsprechend führt der Weg des «dritten Sohnes» offenbar zum *Rand der Welt*, als er den Riesen begegnet; doch auch von dort ist der «gläserne» Berg (des Himmels) unerreichbar fern. – Der *Hut* ist eigentlich im Besitz *Odins*, dessen Gemahlin *Freya* als die eigentliche Königin vom *gläsernen Berge* gelten darf (s. o. Anm. 18). *Odin* wird u. a. dieses Hutes wegen schon von TACITUS mit dem schnellen, geflügelten Gott

Mercur gleichgesetzt; beiden Göttern ist gemeinsam, daß sie *Totenführer* sind (E. NACK: a. a. O., 110–111). Auch dieser Umstand zeigt, daß die Wunschreise des «dritten Sohnes» im Grunde der alten Jenseitsreise bereits der schamanischen Religionen entspricht.

[105] Zu G. W. F. HEGELS Lehre von der «List der Vernunft» vgl. E. DREWERMANN: Strukturen des Bösen (s. o. Anm. 34), Bd. 3, 104.

[106] Es gehört zu der wohltuenden Weisheit der psychotherapeutischen Einstellung, die Mitteilungen des Klienten nicht zu bewerten, zu zensieren oder zu dirigieren, sondern sie durch Verständnis, Güte und Geduld sich zu ihrer organischen Gestalt entfalten zu lassen; vgl. E. DREWERMANN: Von der Notwendigkeit und Form der Konfrontationstechnik in der gesprächspsychotherapeutischen Beratung, in: Psychoanalyse und Moraltheologie (s. o. Anm. 75), 2. Bd.: 226–290, S. 226–230.

[107] Auf klassische Weise hat diese Angst Gestalt gewonnen in der biblischen Erzählung von *Tobit und Sara*; denn siebenmal ist der jungen Tochter *Raguels* der Anvertraute in der Brautnacht von dem bösen Geist *Asmodi* getötet worden. Zur Analyse des *Sara-Komplexes* vgl. E. DREWERMANN: Gott heilt – Erfahrungen des Buches «Tobit». Eine psychologische Meditation, in: H. Becker-R. Kaczynski (Hrsg.): Liturgie und Dichtung. Ein interdisziplinäres Kompendium, 2. Bd., St. Ottilien (Eos-Verlag) 1983, 359–404.

[108] Für S. FREUD: Beiträge zur Psychologie des Liebeslebens (1910), in: Ges. Werke VIII, London [1]1945, 70; 74–76 stellte die *«Rettungsphantasie»* ein Derivat des Ödipuskomplexes dar: der Sohn wolle eigentlich seine Mutter vor dem Vater retten; das Retten der Mutter bedeute u. a. auch, ihr ein Kind zu schenken bzw. sich selbst zu seinem eigenen Vater zu machen. In der *subjektalen* Betrachtung der komplexen Psychologie gilt die *«Rettung»* der über alles geliebten Frau der eigenen anima; vgl. C. G. JUNG: Die Beziehungen zwischen dem Ich und dem Unbewußten (s. o. Anm. 79), 207–232. M. a. W.: in der «rettenden» Liebe erlöst der «Held» den eigenen Seelenhintergrund, indem er die Geliebte sich selbst zurückgibt, und sie erlöst ihn, indem sie ihm erlaubt, sich in ihrer Liebe selbst bis in die Tiefe hinein zu entdecken und anzunehmen. Dieser Vorgang ist wechselseitig und wird so erlebt, daß man einander noch einmal eine zweite Jugend, buchstäblich ein neues Leben schenkt, ganz so, als begleitete man einander vom Sandkasten bis zur Jugend und bis zum Erwachsenenalter und durchlebte alle Stadien des Lebens noch einmal gemeinsam, nur diesmal in Wahrheit und ohne Angst.

[109] Vgl. C. G. JUNG: Die Beziehungen zwischen dem Ich und dem Unbewußten, (s. o. Anm. 108), S. 142–

148; E. DREWERMANN: Psychoanalyse und Moraltheologie (s. o. Anm. 106), 2. Bd., S. 277–286.

[110] TH. MANN: Bekenntnisse des Hochstaplers Felix Krull (1954), Frankfurt (Fischer Tb. 639) 1965, 138.

[111] A. a. O., 139.

[112] In der Praxis herrscht im Falle einer solchen *Vaterverzauberung* zumeist eine außerordentliche Scheu, jemals offen über den eigenen Vater zu sprechen. In gewissem Sinne ist die Tochter zumeist so sehr mit ihrem Vater identifiziert, daß sie jede Kritik und jeden Vorwurf gegenüber dem Vater im Grunde als gegen sich selbst gerichtet empfindet. Unter dem Eindruck schwerster Angst, die jedoch für gewöhnlich vollkommen verdrängt wurde, muß in jedem Moment der Enttäuschung oder des Ärgers gegenüber dem allmächtig erscheinenden Vater ein verzweifelter Versuch unternommen werden, mit künstlichen, oft völlig wirklichkeitsfernen Theorien die unbegreifbaren, willkürlichen, krankhaften oder einfach sinnlosen Handlungsweisen des Vaters trotz allem zu verstehen und zu rechtfertigen; im Endeffekt wird dadurch der zauberische Nimbus von der unangreifbaren Allmacht und Unfehlbarkeit des Vaters aufrecht erhalten, während die Tochter in die unentrinnbare Magie von Abhängigkeiten, Minderwertigkeitsgefühlen und Wiedergutmachungstendenzen aller Art gezwungen wird.

[113] Tiefenpsychologisch ist bei dem *«Berg»* natürlich auch an ein weibliches Symbol zu denken. S. FREUD: Vorlesungen zur Einführung in die Psychoanalyse (1917), in. Ges. Werke XI, London [1]1944, 197: «Was im Traume ein Berg genannt wird, heißt auch in der Anatomie so, nämlich Mons Veneris, Schamberg.» Der *«gläserne»* Berg erweckt die Reihe zusätzlicher Verknüpfungen: seine *«Glätte»*, die ihn ohne künstliche Hilfsmittel «unbesteigbar» macht, darf als ein Bild der Nacktheit gelten, das Motiv des *«Emporkletterns»* wurde von S. FREUD: Die Traumdeutung, II/III 360, zu Recht mit den Erfahrungen des kleinen Kindes am Leib seiner Mutter in Verbindung gebracht; das *«Glas»* des «Berges» indessen dürfte als ein Bild der «Sprödigkeit» der «Königstochter» zu werten sein, deren Schönheit man wohl aus der Ferne betrachten, aber nicht ohne Schaden «anfassen» darf; der *«gläserne Berg»* ist somit auch ein Ausdruck gewisser Frigiditätsprobleme, die von dem väterlichen Einfluß erzwungen werden. – Das Leben auf dem *«gläsernen Berg»* am *«Ende der Welt»* verrät natürlich auch extreme Gefühle von Stolz und Einsamkeit; vgl. das Gedicht von F. NIETZSCHE: Aus hohen Bergen, in: Jenseits von Gut und Böse (1885), in: Ges. Werke in 11 Bden., Bd. 8, München (Goldmann Tb. 990) o. J., 175–177.

[114] Vgl. H. E. RICHTER: Eltern, Kind und Neurose. Psychoanalyse der kindlichen Rolle, Stuttgart 1963, 202–236: «Das Kind als Substitut des idealen Selbst», der besonders auf den narzißtischen Anteil dieser Kindesliebe hinweist.

[115] Vgl. F. NIETZSCHE: Der Wille zur Macht (1887); das Buch trug den Untertitel: «Versuch einer Umwertung aller Werte»; ausgew. und geordnet von P. Gast und E. Förster-Nietzsche, Stuttgart (Kröner Tb. 78) 1964; NIETZSCHE erkannte in der gesamten christlichen Moralität eine erzwungene Lüge und Heuchelei, eine Umkehrung aller naturgegebenen Werte und Lebensinhalte, die er durch sein Werk zu revidieren suchte.

[116] Als Vorlage für VERDIS: «Rigoletto» diente dem Librettisten M. PIAVE das Bühnenstück von V. HUGO: Le Roi s'amuse, das 1832 uraufgeführt, dann aber als versteckter Protest gegen den Hof des «Bürgerkönigs» der Restaurationszeit, gegen den Hof Louis Philippes, verboten wurde. G. VERDI: Rigoletto, Dichtung von F. M. Piave, übers. v. J. Chr. Grünbaum, neu hrsg. v. W. Zentner, Stuttgart (reclam 4256) 1983.

[117] Vgl. S. FREUD: Eine psychische Folge des anatomischen Geschlechtsunterschiedes (1925), in: Ges. Werke XIV, London ¹1948, 17–30, S. 27–28.

[118] Entsprechend entsteht im Umkreis der (ödipalen) Vaterbindung das Syndrom der *demanding dependency*, einer Abhängigkeit, die sich unter dem Schein von Aktivität und Initiative verbirgt, wie es besonders für das *hysterische* Erleben kennzeichnend ist. Vgl. S. MENTZOS: Hysterie. Zur Psychodynamik unbewußter Inszenierungen, München (Kindler Tb. 2212) 1980. 46–47.

[119] R. TAGORE: Fireflies; dt.: Leuchtkäfer; übers. v. G. M. Muncker u. A. Haas, Freiburg (Hyperion-V.) o. J., 44. – Dementsprechend läge es nahe, auch den Begriff der *«Zärtlichkeit»* anders zu definieren denn als «zielgehemmte Sexualität»; im Sinne Tagores müßte man wohl sagen, Zärtlichkeit sei «das Suchen der Schönheit der Seele im Schimmer des Leibes». – Der *Blick in den Spiegel* hat in der Mythe von *Dionysos*, dem Sohn von *Zeus* und *Persephone,* kennzeichnenderweise gerade die umgekehrte Wirkung: *Hera* neidete dem Gott der Weltherrschaft, den *Zeus* ihm geschenkt hatte, und sie hetzte die Titanen auf ihn; doch diese konnten nur durch eine List seiner Herr werden: Sie schenkten ihm einen Spiegel, und als er sich in diesem betrachtete, gewannen sie Kraft über ihn und zerrissen ihn. «Es ist die gleiche Idee, wie in der tiefsinnigen Sage von Narkissos... Der pessimistische Grundgedanke ist der, daß der menschliche Geist... zwischen Sinnenglück und Seelenfrieden schwankend

seinem besseren Selbst untreu wird... Ein dualistischer... Zug... Hier setzten denn auch die Erlösungsbestrebungen der Mysterien ein.» J. O. PLASSMANN: Orpheus (s. a. Anm. 49), 14–15. Besser sollte man vielleicht sagen, daß die unreflektierte Vitalität und naturhafte Einheit, die *Dionysos* verkörpert, durch den «Spiegel», durch das Bewußtsein, zerstört wird; im Märchen von der *«Kristallkugel»* hingegen dient der Blick in den Spiegel gerade umgekehrt der Rückgewinnung der ursprünglichen Schönheit und Unschuld, dem Ende der Verzauberung, der Beseitigung der Unbewußtheit.

[120] F. M. DOSTOJEWSKI: Idiot (1868); dt.: Der Idiot, üb. v. K. Brauner, München (GGTB. 361–362) 1958, 37.

[121] A. a. O., 48; 151.

[122] A. a. O., 115.

[123] A. a. O., 160–161.

[124] A. a. O., 79–80.

[125] A. a. O., 151.

[126] A. a. O., 161.

[127] A. a. O., 165.

[128] A. a. O., 385.

[129] Vgl. E. DREWERMANN: Ehe (s. o. Anm. 75), 38–76, S. 43–52; 62–70.

[130] Vgl. E. DREWERMANN: Der tödliche Fortschritt (s. o. Anm. 4), S. 20.

[131] E. HEMINGWAY: In our time; dt.: In unserer Zeit, übers. v. A. Horschitz-Horst, Hamburg (rororo 278) 1958, 61; 67; 79: «Sie peitschten auf die Beine des Schimmels ein, und er kniete sich hoch. Der Picador drehte die Steigbügel zurecht und zog und wand sich in den Sattel hinauf. Die Eingeweide des Pferdes hingen in einem blauen Klumpen heraus und schwangen hin und her, als es in kurzen Galopp ging, während die Monos es mit Gerten gegen die Beine peitschten. Es galoppierte ruckartig an der Barrena entlang. Es stoppte steifbeinig, und einer der Monos nahm es am Zügel und zwang es vorwärts. Der Picador stieß ihm die Sporen hinein, beugte sich vornüber und schüttelte seine Lanze gegen den Stier. Blut pumpte regelmäßig zwischen den Vorderbeinen des Pferdes hervor.» «Das ganze Töten machte er in einem Anlauf. Der Stier sah ihn haßerfüllt von vorn an. Er zog den Degen aus den Falten der Muleta, visierte mit demselben Bewegung und rief den Stier an: Toro, Toro! und der Stier griff an, und Villata griff an, und eine Sekunde lang waren sie eins. Villata war eins mit dem Stier, und dann war es vorbei. Villata stand aufrecht da, und das rote Heft des Degens stak vorschriftsmäßig zwischen den Schultern des Stieres. Villata hob die Hand zur Menge empor; der Stier hustete Blut und blickte Villata an, und seine Beine gaben nach.»

[132] E. HEMINGWAY: Der Unbesiegte, in: Men without Women; dt.: Männer ohne Frauen, übers. v. A. Horschitz-Horst, Hamburg (rororo 279) 1958, 5–32.

[133] Die *frühesten Zeugnisse der Stiersymbolik* finden sich bereits in den *paläolithischen* Felsmalereien des Solutréen zwischen 25–18 000 v. Chr. – A. LEROI-GOURHAN: Préhistoire de l'art occidental, Paris 1971; dt.: Prähistorische Kunst, übers. v. W. Seipel, Freiburg 1971, 163 weist vor allem auf die enge Assoziation zwischen der Frau und dem Tiersymbol, zwischen dem Töten mit dem Speer und dem Vorgang der Zeugung, auf die Verwandtschaft von Vulva und Wunde hin, worin eine ursprüngliche Einheit von Leben und Tod zum Ausdruck kommen könnte. Die *Rinderzüchtung* im *Neolithikum* hat offenbar die Rolle des *Stiers* als eines Symbols der Fruchtbarkeit und Männlichkeit, des Wassers und des (befruchtenden) Regens bestärkt; J. MELLAART: Çatal Hüyük. A Neolithic Town in Anatolia, London 1967; dt.: Çatal Hüyük. Stadt aus der Steinzeit, übers. v. J. Rehork, Bergisch-Gladbach 1967, 200–208; 237 zeigte, daß die Stiersymbolik immer noch an die Wertschätzung des Jägers anknüpft, aber daß Hörner und Köpfe jetzt eine männliche Symbolbedeutung erhalten. – Auf *Kreta* dürfte der Stier eine männliche Elementargottheit gewesen sein, die wegen des mächtigen Schüttelns des Kopfes in Zusammenhang mit den häufigen Erdbeben gebracht wurde. «Daher in der minoischen Religion immer wieder das Bemühen, mit Hilfe der Überwindung des Stieres die jenseitigen Mächte günstig zu stimmen. Für die einstige religiöse Bedeutsamkeit des Stieres spricht sein Auftreten als Weihgeschenk seit dem Neolithikum, für das Bemühen, seine Elementargewalt zu überwinden, aber seine Opferung und das Stierspringen.» F. SCHACHERMEYER: Die minoische Kultur des alten Kreta, Stuttgart 1964, 156. Insbesondere das Stiergehörn galt als Symbol der Heiligkeit schlechthin. Aber: «Während die Kulthörner alle Heiligkeit auf sich zogen, sank der Stier selber vom heiligen Tier immer mehr zum Sinnbild einer ungezügelten und feindlichen Dämonenkraft herab. Diese vermochte man nicht mehr als göttliche Huld zu verstehen, man glaubte sie vielmehr überwinden zu müssen, um daraus noch einigen Nutzen zu ziehen. Darum eignete sich der Stier auch nicht so sehr als göttlicher Begleiter, denn als Opfertier... Von besonderer Bedeutung scheint die Schlachtung des Stieres für den Totenkult gewesen zu sein..., offenbar um die Lebenskräfte des Dahingeschiedenen zu erwecken.» A. a. O., 158. Am ähnlichsten dürfte der heutige Stierkampf dem kretischen Brauch des *Stierspringens* sein. «Nervenzerreißendes Geschehen, unendlicher Jubel und bluterstarrendes

Grauen, das war für diese Menschen (auf Kreta) wohl höchste Festlichkeit.» A. a. O., 138.

[134] Vgl. am Beispiel des *aztekischen Herzopfers* E. DREWERMANN: Der Krieg und das Christentum (s. a. Anm. 58), S. 316–323.

[135] M. GREENWOOD: Mein indianischer Sommer. Ein Reisebuch, aus dem Schwedischen übers. v. M. Wettergren-Riehle, Gütersloh–Wien–München 1975, 166.

[136] A. a. O., 167.

[137] Vor allem im *Mithras-Kult* galt *Mithra* als Sonnengenius, als Gott des Lichtes, als kosmischer und moralischer Mittler zwischen dem unerkennbaren Gott, «welcher in den ätherischen Sphären herrscht, und dem Menschengeschlecht ... Shamash hatte schon in Babylon ähnliche Funktionen, und auch die griechischen Philosophen betrachteten die schimmernde Kugel, welche ihr Licht über uns ausgießt, als das stets gegenwärtige Bild des unsichtbaren Wesens, dessen Dasein nur unsere Vernunft erfaßt.» F. CUMONT: Die Mysterien des Mithra. Ein Beitrag zur Religionsgeschichte der römischen Kaiserzeit, dt. Ausg. v. G. Gehrich, 3. verm. u. durchges. Aufl., hrsg. v. K. Latte (1923), Darmstadt⁵ 1981, 116–117. Es ist augenscheinlich, daß die «Kristallkugel» des Grimmschen Märchens an das alte Mythem der *Mithrasreligion* von der Rettung der Lichtkugel durch die Tötung des «Stieres» der Dunkelheit anknüpft. Die Parallelität des Märchens zur Mithrasreligion bezieht sich dabei auch auf die *Hilfe der beiden «Brüder»*. Man pflegte *Mithra* gern zwischen zwei Kindern abzubilden, von denen der eine eine erhobene, der andere eine gesenkte Fackel trug. «Diese beiden Dadaphoren und der stiertötende Heros bildeten eine Trias, und man sah in diesem ‹dreifachen Mithra› entweder das Tagesgestirn, dessen Aufgang am Morgen der Hahn verkündet, das mittags triumphierend den Zenith überschreitet und abends müde an den Horizont herabsinkt, oder die Sonne, die an Kraft wachsend in das Sternbild des Stieres eintritt und den Frühlingsanfang bezeichnet, deren siegreiche Gluten die Natur im Mittsommer befruchten, und die, schon schwächer geworden, das Zeichen des Skorpions passiert und die Wiederkehr des Winters ankündigt.» A. a. O., 117. Die Überwindung des «Stieres» bedeutet astronomisch mithin den Sommeranfang. Den einen «der beiden Fackelträger» betrachtet man «als das Emblem der Wärme und des Lebens, den anderen als das der Kälte und des Todes»; a. a. O., 118. Auch so lassen sich «*Adler*» und «*Walfisch*» (die beide auch Sternbilder des nördlichen Nachthimmels sind!) symbolisch verstehen. – In der Mythe vom *Kampf des Mithra gegen den Stier* galt das Stierungeheuer als das erste le-

bende Wesen, das *Jupiter-Oromazdes* geschaffen hatte. «Diese naive Fabel führt uns in die Anfänge der Kultur selbst zurück. Sie hat nur bei einem Volk von Hirten und Jägern entstehen können, bei dem das Vieh als die Quelle allen Reichtums ein Gegenstand religiöser Verehrung geworden war, und dem der Fang eines wilden Stieres als eine so ehrenvolle Tat galt, daß selbst ein Gott sich nicht zu erniedrigen schien, wenn er zum Büffeljäger wurde.» (A. a. O., 120–121.) Zunächst springt *Mithra* nur auf den Stier und zähmt ihn, der Sonnengott aber befiehlt Mithra, den Stier zu töten; aus dem Körper des sterbenden Tieres aber entstanden alle heilsamen Kräuter, aus seinem Rückenmark das Getreide, aus seinem Blut der Weinstock, der den heiligen Trank der Mysterien liefert; *der Mond* sammelt gegen den Widerstand des bösen Geistes den gereinigten Samen des Stieres und erzeugt alle Arten nützlicher Tiere. «So war der stiertötende Heros durch das Opfer, zu dem er sich entschlossen hatte, der Schöpfer aller heilbringenden Wesen geworden, und aus dem Tode, den er herbeigeführt hatte, war neues, reicheres und fruchtbareres Leben geworden.» A. a. O., 123. – Vgl. zu *Stierkampf und Mithraskult* auch TH. MANN: Bekenntnisse des Hochstaplers Felix Krull (s. o. Anm. 110), 296–297.

[138] Zur Geschichte von *Theseus und Ariadne* sowie von *Herakles und dem Stier des Minos* vgl. K. KERÉNYI: Die Mythologie der Griechen (1958), 2 Bde., München (dtv 1345–1346) 1966, 2. Bd.: Die Heroen-Geschichten, 129–130; 184–188. *Ariadne* trägt unzweifelhaft gewisse Züge einer Mondgöttin an sich; der Stierkampf, den *Theseus* zu ihrer Befreiung besteht, ähnelt sehr dem Kampf des «dritten Sohnes» um die «*Prinzessin*» vom Schloß der goldenen Sonne im Märchen von der «*Kristallkugel*». Die Beziehung des Märchens zur alten Sonnen- und Mondmythologie ist an dieser Stelle nicht zu übersehen. – *Rituell* lebt in der *Tötung des Stieres* zugunsten einer (göttlichen) Frau wohl auch die Vorstellung der Religion der Großen Mutter fort: der Göttermutter *Cybele* brachte man Stieropfer dar; ihre Priester, die «Galli», aber brachten ihr das eigene Geschlecht zum blutigen Opfer. Vgl. J. G. FRAZER: The golden Bough, 3 Bde., London 1890; 12 Bde., London³ 1907–1915; Nachtrag 1936; abgek. Ausg. 1922; danach dt.: Der goldene Zweig. Das Geheimnis von Glauben und Sitten der Völker, übers. v. H. v. Bauer. Leipzig 1928, 509. Vom Stieropfer bei den Erneuerungsriten des «phrygischen Kultus» berichtet FIRMICUS MATERNUS: Vom Irrtum der heidnischen Religionen, aus dem Lat. übers. v. A. Müller, in: Frühchristliche Apologeten und Märtyrerakten, II. Bd., München 1913, S. 205–288, S. 279 (XXVII 4; 8). Auch diese archaischen Elemente der

Lebenserneuerung sowie der Überwindung der eigenen Triebhaftigkeit zu Ehren der Großen Göttin sind beim Motiv des «Stierkampfes» im Märchen von der «Kristallkugel» deutlich zu erkennen.

[139] Zum Motiv der *Preisjungfrau* vgl. die Beispiele bei E. DREWERMANN: Strukturen des Bösen (s. o. Anm. 34), 2. Bd., 431–433.

[140] So z. B. in der griechischen Sage von *Pelops,* der um die schöne *Hippodameia,* die Tochter des Königs *Önomaos* von Elis, wirbt, aber zuvor den alternden Vater im Wagenrennen besiegen muß; a. a. O., 432.

[141] Vgl. Eph 6,12.

[142] So beschreibt F. M. DOSTOJEWSKI: Der Idiot (s. o. Anm. 120), 217 (2. Teil, 5. Kap.) *das Gefühl, das einem epileptischen Anfall des Fürsten Myschkin vorausgeht,* «da es inmitten der Traurigkeit, des seelischen Dunkels und der Depression in seinem Gehirn für Augenblicke gleichsam aufflammte und alle seine Lebenskräfte sich plötzlich mit einem außerordentlichen Ruck anspannten. Das Empfinden des Lebens und das Selbstbewußtsein verzehnfachten sich fast in diesen Augenblicken, die nur die Dauer eines Blitzes hatten. Verstand und Herz wurden von einem ungewöhnlichen Licht durchdrungen, alle seine Zweifel und alle seine Unruhe schienen sich auf einmal zu besänftigen und in eine höhere Ruhe aufzulösen, die von einer hellen harmonischen Freude und Hoffnung und von der Vernunft und der Erkenntnis der Endursachen erfüllt war ... ‹Was folgt denn daraus, daß es eine Krankheit ist?› fragte er sich ..., ‹wenn der Augenblick dieser Empfindung, im gesunden Zustand betrachtet und ins Gedächtnis zurückgerufen, sich als im höchsten Grade harmonisch und schön erweist und ein bis dahin nie gekanntes Gefühl der Fülle, des Gleichmaßes, der Versöhnung und des begeisterten, an ein Gebet erinnernden Aufgehens in die höchste Synthese des Lebens ergibt?›»

[143] Zum *Geheimnis des Vogelfluges* und zum Ortsfindungsvermögen der Tauben vgl. K. SCHMIDT-KOENIG: Vogelzug und Vogelorientierung, in: K. Immelmann (Hrsg.): Verhaltensforschung. Grzimeks Tierleben. Enzyklopädie des Tierreichs. Sonderband «Verhaltensforschung», Zürich 1974, 182–188. Inzwischen fanden amerikanische Forscher, daß kleine magnetische Teilchen, die wie eine Kompaßnadel im Magnetfeld der Erde ausrichten können, den Vögeln helfen, auch bei bedecktem Himmel ihren Weg zu finden. 1979 fand man solche Magnetite unter der Schädeldecke von Tauben, dann auch in der Nackenmuskulatur (vgl. «Nature», Bd. 385, S. 99). In Dressurversuchen mit Tauben gelang der Nachweis, daß diese Vögel Magnetfelder von 0,5 Gauß von Magnetfeldern von 0,02 Gauß unterscheiden können,

aber nur wenn sie fliegen oder im Laufen flattern. DAVID PRESTI und J.D. PETTIGREW vermuten, daß spindelartige Spannungsdetektoren den Drall registrieren, den die Magnetite erhalten, wenn sie sich im Magnetfeld der Erde ausrichten und die entsprechenden Informationen dann weiterleiten (vgl. *FAZ* vom 30.7.80).

[144] K. KERÉNYI: Die Mythologie der Griechen (s. Anm. 138), 1. Bd.: Die Götter- und Menschheitsgeschichten, 88 meint, *Zeus* sei hier wohl der kretische Himmelsgott in seinem dunkleren Aspekt, als Gott des nächtlichen Himmels, als Sternenkönig. In anderer Version vereinigte *Zeus* sich mit *Europa* nicht als *Stier,* sondern als *Adler.* Europa selbst dürfte die «Breitgesichtige» bedeuten – ein Synonym für den Vollmond. R. VON RANKE-GRAVES: The Greek Myths, 1955; dt.: Griechische Mythologie. Quellen und Deutung, übers. v. H. Seinfeld, 2 Bde., Hamburg 1960 (rde 113–114; 115–116), 1. Bd., 175.

[145] K. KERÉNYI: Die Mythologie der Griechen (s. Anm. 138), 1. Bd., 88–89 sieht in *Pasiphaë,* der «allen Leutenden», der Tochter des *Helios,* eine Mondgöttin. Vgl. R. VON RANKE-GRAVES: Griechische Mythologie (s. Anm. 144), 1. Bd., 269 meint, die Mythe von Pasiphaë und dem Stier verweise auf «eine rituelle Heirat unter einer Eiche zwischen der Mondpriesterin mit Kuhhörnern und dem Minos-König mit einer Stiermaske».

[146] Vgl. E. DREWERMANN: Gott heilt – Erfahrungen des Buches Tobit (s.o. Anm. 107), S. 388–392.

[147] Vgl. E. DREWERMANN – I. NEUHAUS: Schneeweißchen und Rosenrot, Olten 1983, 25–26, zur Einheit von Anmut und Würde, von Unschuld und Liebe, von Sanftheit und Leidenschaft, von Bewahrung und Hingabe.

[148] Vgl. K. SELIGMANN: The History of Magic, New York 1948; dt.: Das Weltreich der Magie. 5000 Jahre Geheime Kunst, übers. v. H. Kissling, Nachw. v. G.F. Hartlaub, Wiesbaden (Löwit-Verlag) o.J., Abb. von Tizian Vecellio: Die Kristallseherin, Paris, Louvre, S. 394.

[149] Zur *«Kugel»* als einem *Mandala-Symbol* vgl. C.G. JUNG: Zur Empirie des Individuationsprozesses (1950), in: Ges. Werke IX 1, Olten-Freiburg 1976, 311–372, S. 330–333; 334–336; DERS.: Über Mandalasymbolik (1938), a.a.O., 375–407, S. 381; 394; 396; 400; 404. Auch das Symbol des *Eis* ist so zu verstehen; vgl. C.G. JUNG: Psychologie und Religion (1940), in: Ges. Werke, XI, Olten-Freiburg 1963, 1–117, S. 59. – *Naturmythologisch* wurde der *Hut,* das *Ei* bzw. die *Kugel* (oder der *goldene Apfel* in anderen Erzählungen) als Bild des Vollmondes gedeutet; E. SIECKE: Hermes der Mondgott. Studien zur Aufhellung der Gestalt

dieses Gottes, Leipzig 1908, 72 (der *Hut Odins* als Vollmond, die Tarnkappe als Neumond), 87 (als *Adler* und *Ei*).

[150] So ist das gängige historische Bild von BERNHARD VON CLAIRVAUX; vgl. P. EICHER: Gottesfurcht und Menschenverachtung, in: H. v. Stietencron (Hrsg.): Angst und Gewalt. Ihre Präsenz und ihre Bewältigung in den Religionen, Düsseldorf 1979, 111–136, S. 123–136. Zu weit positiveren Urteilen freilich gelangt J. LECLERCQ: Nouveau visage de Bernard de Clairvaux. Approches psychohistoriques, Paris 1976.

[151] Vgl. F. NIETZSCHE: Also sprach Zarathustra (s.o. Anm. 49), S. 48 (Von der Nächstenliebe); vgl. F.M. DOSTOJEWSKI: Die Brüder Karamasoff (s.o. Anm. 39), 73–74 (2. Buch, 4. Kap.).

[152] Vgl. P.J. SCHMIDT: Der Sonnenstein der Azteken; Hamburg 1974 (Wegweiser zur Völkerkunde, Heft 6; im Selbstverlag des Hamburgischen Museums für Völkerkunde). In diesem Sinne ist der *«Feuervogel»* im Märchen von der *«Kristallkugel»* das Bild einer «fressenden» Sonne. – Zu dem gesamten Vorstellungskomplex vgl. E. DREWERMANN: Der Krieg und das Christentum (s.o. Anm. 58), S. 317–320.

[153] Zur «Pubertätsaskese» vgl. A. FREUD: Das Ich und die Abwehrmechanismen (1936), München (Kindler Tb. 2001) o.J., 119–123, die neben dem (zwangsneurotischen) Wechsel von «Triebverzicht und Triebexzeß» (S. 122) auf die «Intellektualisierung» in der Pubertät hinweist (123–129).

[154] Vgl. G. BÜCHNER: Dantons Tod (1835), in: Ges. Werke, München (Goldmann Tb. 7510) o.J., 7–77, S. 27–31 (1. Akt. Ein Zimmer. Robespierre, Danton, Paris).

[155] Vgl. L. SZONDI: Ich-Analyse. Die Grundlage zur Vereinigung der Tiefenpsychologie. Zweiter, in sich abgeschlossener Band der Triebpathologie, Bern-Stuttgart 1956, 364.

[156] TH. FONTANE: Effi Briest (1894–1895), in: Werke in vier Bänden, hrsg. v. H. Geiger, Wiesbaden (Vollmer-Verlag) o.J., Bd. 3, 7–255, S. 237–238.

[157] A.a.O., 254.

[158] Vgl. zum *Treue-Begriff* E. DREWERMANN: Von einer besonders tragischen Form des Mißverständnisses in der Ehe – oder: vom Recht auf Scheidung und auf Wiederverheiratung in der katholischen Kirche (1982), in: Psychoanalyse und Moraltheologie (s.o. Anm. 75), Bd. 2, 77–111, S. 77–82.

[159] Bes. G.W.F. HEGEL war der Meinung, daß alle Begriffe in ihrer verendlichten Starrheit der Wirklichkeit unrecht täten und in ihrer moralischen Verhärtung zum Inbegriff des Bösen geraten müßten. Vgl. zu Hegels Lehre E. DREWERMANN: Strukturen des Bösen (s.o. Anm. 34), 3. Bd., 77–78; 85–92.

[160] Vgl. M. BUBER: Ich und Du (Leipzig 1923, erw. Neudruck: Heidelberg 1958), in: Werke in drei Bänden, 1. Bd.: Schriften zur Philosophie, München 1962, 77–170.

[161] *Gebäude, Häuser,* Behausungen sind häufige Symbole für das weibliche Genitale bzw. für die Frau; S. FREUD: Die Traumdeutung (s.o. Anm. 12), II/III 368–370; das *Feuer* ist ein beliebtes Symbol für die gluthheiße, verzehrende Kraft der Liebe; vgl. S. FREUD: Zur Gewinnung des Feuers (1932), in: Ges. Werke XVI, London [1]1950, 3–9.

[162] Vgl. I. BACHMANN: Der gute Gott von Manhattan, München (Piper Bücherei 127) 1958. – Vgl. auch TH. FONTANE: Irrungen – Wirrungen (1888), in: Werke (s.o. Anm. 156), Bd. 2, wo es wohl erlaubt ist, Moral zu heucheln, die Liebe zum frivolen Spaß zu erklären und sich nur ja keines wirklich starken Gefühls zu getrauen, doch wo es geradezu als Frevel schlechthin gelten muß, die Liebe mit dem Einsatz der eigenen Existenz ernst zu nehmen.

[163] Das *Motiv von dem sich selbst erlösenden Erlöser* ist ein klassisches *gnostisches* Mythem; vgl. H.-CH. PUECH: Der Begriff der Erlösung im Manichäismus (1937), in: G. Widengren (Hrsg.): Der Manichäismus, Darmstadt 1977, 145–213, S. 165–187. Das *manichäische System* schildert, wie «der Vater der Größe», um die Dämonen der Finsternis zu bekämpfen, die «Mutter des Lebens» aus sich emaniert, die den «Urmenschen» aus sich projiziert; dieser aber wird von den Dämonen besiegt, so daß der «Vater der Größe» den «Geliebten der Lichter» aus sich entläßt, der wiederum den «großen Architekten» und den «Lebendigen Geist» emaniert. Dieser entreißt den Urmenschen der Finsternis mit Hilfe des *Nus,* des *Geistes*. Vgl. H. VON GLASENAPP: Die nichtchristlichen Religionen, Frankfurt (Fischer Lexikon) 1957, 239ff.

[164] Vgl. H. VON GLASENAPP: A.a.O., 115; DERS.: Der Jainismus. Berlin 1925.

[165] Vgl. zu S. KIERKEGAARDS Angst vor der Liebe. E. DREWERMANN: Strukturen des Bösen (s.o. Anm. 34), 3. Bd., 497–514.

[166] Vgl. F. KAFKA: Briefe an Milena, hrsg. und mit Nachw. vers. v. W. Haas (New York 1952), Frankfurt (Fischer Tb. 756) 1966, 188–193; verzweifelt fragt Kafka: «Wie kommt es, Milena, daß Du noch immer nicht Angst oder Abscheu vor mir hast oder dergleichen? In was für Tiefen geht Dein Ernst und Deine Kraft!» (A.a.O., 183)

[167] V.W. VON HAGEN: Sonnenkönigreiche. Azteken, Maya, Inka, übers. aus dem Engl. v. M. Berthold, München-Zürich 1962, 172 meint, die *Jadeperlen,* die die *Mayas* den Toten in den Mund legten, seien ein «Zehrgeld» gewesen, um im anderen Leben sich eine

Mahlzeit kaufen zu können. F. KATZ: Precolumbian Civilizations, London 1969; dt.: Vorkolumbianische Kulturen. Die großen Reiche des Alten Amerika, München 1969, 298 meint, bei den *Azteken* habe das Jadestück zwischen den Lippen des Toten den Sinn gehabt, in der achten Hölle der Totenwelt den wilden Tieren als Nahrung zu dienen. Aber der Jadestein besitzt vor allem eine symbolische Bedeutung. Die *Mayas* sehen in der Jade ein Zeichen für kostbares Wasser; F. ANDRES: Das Pantheon der Maya, Graz 1963, 158. In der *aztekischen* Lyrik ist der Jadestein ein beliebtes Symbol für Kostbarkeit, Reichtum, Schönheit und (relative) Beständigkeit. Vgl. L. SCHULTZE-JENA: Alt-aztekische Gesänge, nach einer in der Bi-blioteca Nacional von Mexiko aufbewahrten Handschrift übers. u. erl. v. L. Schultze-Jena, nach seinem Tode hrsg. v. G. Kutscher, Stuttgart 1957, XVIII 6; 8; 10; S. 63: «Ganz wie wir Grünedelgestein zerstük-ken, ganz wie wir ein Bild auslöschen, genau so ge-hen Alle hin, gehen ins Totenland, an den Ort unse-rer aller Vernichtung.» «Ja, alsbald weine ich, daß Du, Ipalnemoa, so gleichgültig bist, daß Grünedel-stein in Stücke geht, daß Quetzal-Federn knicken. Wir werden irre, o Ihr Ahnen! Kennst Du uns denn nicht? Du verleugnest uns, läßt uns hier zugrundege-hen.» «Reich wie Grünedelstein, glänzend wie Quet-zal-Federn ist sicherlich Dein Herz, Ipalnemoa. Doch Niemand in Deiner Nähe sagt, daß (wir) erhört wer-den.» – Ipalnemoa ist «Der, dessen Tätigkeit oder Be-ruf es ist, daß man durch ihn lebt.» A. a. O., S. XII; er ist identisch mit Tezcatlipoca, dem Gott der materiel-len Welt.

[168] Vgl. C. CASTANEDA: Tales of Power, New York 1974; dt.: Der Ring der Kraft, Frankfurt (Fischer Tb. 3370) 1978, 107: «Du lerntest den Ruf des Nachtfal-ters kennen, spürtest den Goldstaub seiner Flügel, aber vor allem warst du dir in dieser Nacht zum er-stenmal bewußt, daß du *sahst,* und dein Körper er-fuhr, daß wir leuchtende Wesen sind…, daß wir ein Gefühl sind und daß das, was wir unseren Körper nennen, ein Bündel leuchtender Fasern ist, die Be-wußtsein haben.»